CLAUDINE.

NOUVELLE SAVOYARDE.

Au mois de juillet 1788, me retrouvant dans ce Ferney qui, depuis la mort de Voltaire, ressemble à ces châteaux déserts qu'ont jadis habités les génies, je résolus d'aller visiter les fameux glaciers de Savoie. Un Génevois de mes amis eut la bonté de m'accompagner. Je ne décrirai point ce voyage : il faudrait, pour le rendre intéressant, imiter ce style exalté, sublime, inintelligible aux profanes, dont un voyageur ne peut guère se passer à présent, pour peu qu'il ait fait deux lieues et qu'il ait une ame sensible ; il faudrait ne parler que d'extases, d'étreintes, de tressaillemens ; et j'avoue que ces mots, devenus si simples, ne me sont pas encore assez familiers. J'ai vu le *Mont-Blanc*, et la *mer de glace*, et la *source de l'Arvéron*. J'ai contemplé longtemps en silence ces rochers terribles couverts de frimas, ces pointes de glace qui percent les nues, ce large fleuve qu'on appelle *une mer*, suspendu tout à coup dans son cours, et dont les flots immobiles paraissent encore en fureur ; cette voûte immense formée par la neige de tant de siècles ; d'où s'élance un torrent blanchâtre qui roule des blocs de glaçons à travers des débris de rocs. Tout cela m'a frappé de terreur et pénétré de tristesse : j'ai cru voir l'effrayante image de la nature sans soleil, abandonnée au dieu des tempêtes. En regardant ces belles horreurs, j'ai remercié l'Être tout-puissant de les avoir rendues si rares ; j'ai désiré mon départ pour repasser dans la vallée, la délicieuse vallée de Maglan (1). C'est là que je me promettais de consoler mes yeux attristés, en voyageant lentement dans ce riant paysage, en contemplant sur les rives de l'Arve ces riches tapis de verdure, ces bois tranquilles, ces prés émaillés, ces chaumières ; ces maisons éparses, où mon imagination m'offrait un vieillard entouré de sa famille, une mère allaitant son fils, deux jeunes amans venant de l'autel. Voilà le spectacle qui plaît à mes yeux ; voilà les aspects qui touchent mon cœur, qui lui donnent des souvenirs doux et des désirs agréables.

O mon bon ami Gessner, vous pensiez bien comme moi, vous qui, né dans le pays le plus varié, le plus pittoresque de la terre, le plus propre à vous

___

(1) Vallon charmant, sur les bords de l'Arve, que l'on traverse en allant à Chamouny.

fournir des descriptions toujours différentes, n'avez jamais, comme tant d'autres, abusé de l'art de décrire, n'avez jamais cru qu'un tableau, quelque brillant que fût son coloris, pût se passer de personnages ! Vous chantez les bocages sombres, les prés verdoyans, les ruisseaux limpides ; mais des bergères, des pasteurs, y donnent des leçons d'amour, de piété, de bienfaisance. En vous lisant, les yeux satisfaits parcourent le site que vous avez peint ; l'ame, plus satisfaite encore, se nourrit d'utiles préceptes, et jouit d'une émotion douce.

Telles étaient les idées qui m'occupaient à Chamouny lorsque je descendais *le Montanvert* en revenant de la mer de-glace. Après deux heures d'une marche pénible, j'arrivai près de la fontaine où je m'étais reposé le matin. Je voulus m'y reposer encore ; car, en aimant peu les torrens, je fais grand cas des fontaines. D'ailleurs j'étais excédé, quoique bien indigne de mes fatigues. Je priai mon brave et honnête guide, qui s'appelait François Paccard, de s'asseoir à côté de moi, et nous commençâmes alors une fort bonne conversation sur les mœurs, sur le caractère, sur la manière de vivre des habitans de Chamouny. Le bon Paccard m'intéressait par le récit de ces mœurs si simples, dont on aime à s'entretenir quand ce ne serait que pour les regretter, lorsqu'une jolie petite fille vint m'offrir un

panier de cerises. Je le pris et le lui payai. Dès
qu'elle fut éloignée, Paccard me dit en riant : Il y
a dix ans qu'à la place où nous sommes, il en coûta
cher à l'une de nos jeunes paysannes pour être ainsi
venue présenter des fruits à un voyageur. Aussitôt
je priai Paccard de me raconter cette histoire. Elle
est un peu longue, me répondit-il ; j'en ai su jusqu'aux moindres détails par M. le curé de Salenches, qui joua lui-même un grand rôle dans cette
aventure. Je pressai Paccard de me répéter ce qu'il
avait appris du curé de Salenches ; et tous deux
assis contre deux sapins, mangeant ensemble nos
cerises, Paccard commença son récit :

Il faut que vous sachiez, monsieur, que notre
vallée de Chamouny n'était pas, il y a dix ans, aussi
célèbre qu'elle l'est aujourd'hui. Les voyageurs ne
venaient point nous apporter leurs louis d'or pour
voir notre neige glacée et pour ramasser nos petits
cailloux. Nous étions pauvres, ignorans du mal :
nos femmes, comme nos filles, occupées des soins
du ménage, étaient encore plus ignorantes que
nous. Je vous dis ceci d'avance, pour que vous
excusiez un peu la faute que fit Claudine. La pauvre enfant était si simple, qu'il était facile de la
tromper.

Claudine était fille du vieux Simon, laboureur *au*

Prieuré (1). Ce Simon, que j'ai bien connu, puis-
qu'il n'est mort que depuis deux ans, était le syndic
de notre paroisse. Tout le monde le respectait à
cause de sa probité. Mais son caractère était natu-
rellement sévère : il ne se passait rien à lui-même, et
il ne passait pas grand'chose aux autres : on le crai-
gnait autant qu'on l'estimait. Celui de nos habitans
qui aurait eu dispute avec sa femme, ou bu quelques coups de trop le dimanche, n'aurait pas osé
parler à Simon de toute la semaine. Nos petits enfans ne faisaient plus de bruit, quand il passait ; ils
lui ôtaient bien vite leurs chapeaux, et ne recom-
mençaient leurs jeux que lorsque M. Simon était
loin.

Simon était demeuré veuf de Magdeleine sa
femme, qui lui avait laissé deux filles. Nanette,
l'aînée, était assez bien de figure ; mais Claudine, la
cadette, était un ange pour la beauté. Son joli visage
rond, ses beaux yeux noirs remplis d'esprit, ses
grands sourcils, sa petite bouche qui ressemblait à
cette cerise, son air d'innocence et de gaieté, lui faisaient des amoureux de tous les jeunes garçons de
notre village ; et, quand elle venait danser le dimanche avec son juste de drap bleu serré sur sa
taille fine, son chapeau de paille garni de rubans,

(1) Principal village de la vallée de Chamouny.

et son petit bonnet rond qui pouvait à peine con-
tenir ses longs cheveux, c'était à qui retiendrait son
tour pour danser avec Claudine.

Claudine n'avait que quatorze ans ; sa sœur Nanette en avait dix-neuf, et demeurait toujours à la
maison pour prendre soin du ménage. Claudine,
comme la plus jeune, allait garder le troupeau sur
le Montanvert ; elle portait son dîner, sa quenouille,
et passait sa journée à filer, à chanter, ou à jaser
avec les autres bergères ; le soir, elle revenait chez
Simon, qui, après le souper, lisait à ses filles quelques histoires de la Bible, leur donnait sa bénédiction ; et tout le monde allait dormir.

Dans ce temps-là les étrangers commencèrent à
venir visiter nos glaciers. Un jeune Anglais, nommé
M. Belton, fils d'un riche négociant de Londres, en
passant à Genève pour aller en Italie, eut la curio-
sité de faire le voyage de Chamouny. Il vint descendre chez madame Couteran (1) ; et le lendemain,
à quatre heures du matin, il monta le Montanvert,
pour aller voir la mer de glace, conduit par mon
frère Michel, qui maintenant est le doyen des
guides. Il en revenait vers les onze heures, et se reposait comme nous à cette même fontaine, quand

(1) C'est le nom très-connu de la maîtresse de la plus
ancienne auberge de Chamouny.

Claudine, qui gardait par là ses moutons, le voyant fort échauffé, vint lui offrir des fruits et du lait qu'elle avait pour son dîner. L'Anglais la remercia, la regarda beaucoup, causa quelque temps avec elle, et voulut lui donner cinq ou six guinées, que Claudine refusa : mais la pauvre Claudine ne refusa point de mener M. Belton voir son troupeau, qu'elle avait laissé parmi ces grands arbres. L'Anglais pria son guide de l'attendre, et s'en alla avec Claudine. Il y demeura deux bonnes heures. Vous dire la suite de leur conversation, c'est ce que je ne pourrais pas, puisque personne ne les entendit. Il suffit que vous sachiez que M. Belton partit le même soir, et que Claudine, en revenant chez son père, était pensive, rêveuse, assez triste, et portait au doigt un beau diamant vert que l'Anglais lui avait donné. Sa sœur lui demanda d'où venait ce diamant; Claudine répondit qu'elle l'avait trouvé. Simon, d'un air mécontent, prit aussitôt la bague, et la porta lui-même chez madame Couteran, afin qu'on découvrît la personne qui l'avait perdue. Aucun voyageur ne la réclama. M. Belton était déjà bien loin; et Claudine, à qui l'on rendit le diamant, devint chaque jour plus triste.

Cinq ou six mois se passèrent. Claudine, qui tous les soirs rentrait avec les yeux rouges, prit enfin le parti de se confier à sa sœur Nanette. Elle lui avoua

que, le jour où elle avait rencontré M. Belton sur le
Montanvert, M. Belton lui avait dit qu'il était amoureux d'elle, qu'il voulait s'établir à Chamouny pour
ne plus la quitter et pour l'épouser. Moi, je l'ai cru,
ajouta Claudine; il me l'a juré plus de cent fois; il
m'a dit que ses affaires le forçaient de retourner à
Genève; mais qu'avant quinze jours il serait ici,
qu'il y achèterait une maison, que notre mariage se
ferait tout de suite. Il s'est assis près de moi, m'a
embrassée en m'appelant sa femme, et m'a donné
cette belle bague, comme l'anneau des mariés. Je
n'ose pas vous en raconter davantage, ma sœur :
mais j'ai de grandes inquiétudes; je suis malade, je
pleure toute la journée, et j'ai beau regarder le
chemin de Genève, M. Belton ne revient point.

Nanette, qui venait de se marier, pressa de questions la pauvre Claudine. Elle apprit enfin, après
bien des larmes, que l'Anglais avait indignement
trompé cette simple et malheureuse fille, et que
Claudine était grosse.

Comment faire? Comment annoncer ce malheur
au terrible M. Simon? Le lui cacher était impossible. La bonne Nanette n'augmenta point le désespoir de sa sœur par des reproches inutiles; elle
chercha même à la consoler, en lui faisant espérer
un pardon qu'elle savait bien qu'on n'obtiendrait
pas. Après avoir réfléchi long-temps avec elle, Na-

nette, d'après son consentement, alla trouver notre
bon curé, lui confia tout sous le secret, et le supplia d'instruire son père, de l'adoucir, de lui faire
voir que la faute de Claudine était le crime du méchant Anglais; de prendre enfin tous les moyens
de sauver l'honneur ou du moins la vie à la pauvre
malheureuse. Notre curé, fort triste de cette nouvelle, se chargea pourtant de l'annoncer, et se rendit
chez Simon à l'heure où il était sûr que Claudine
était sur le Montanvert.

Simon, selon sa coutume, lisait l'ancien Testa-
ment. Notre bon curé s'assit près de lui, parla des
belles histoires qui se trouvent dans ce divin livre,
admira surtout celle de Joseph lorsqu'il pardonne à
ses frères, celle du grand roi David lorsqu'il pardonne à son fils Absalon, et d'autres que je ne sais
point, mais que M. le curé sait. Simon était de son
avis. M. le curé lui disait que Dieu nous a voulu
donner ces exemples de miséricorde, afin qu'en
étant doux et miséricordieux envers nos frères
comme Joseph, envers nos enfans comme David,
nous méritions de trouver aussi la même compassion
dans notre père commun. Tout cela était arrangé
bien mieux que je ne l'arrange; mais vous compre-
nez que notre curé préparait petit à petit le vieillard
à la mauvaise nouvelle. Simon fut long-temps à l'entendre : il l'entendit à la fin, et, se levant aussitôt,

pâle , tremblant de colère , il sauta sur le fusil avec
lequel il tuait les chamois pour aller tuer sa fille. Le
curé se jeta sur lui , le désarma, le retint ; et tantôt
lui parlant avec force de ses devoirs de chrétien ,
tantôt l'embrassant, le plaignant, le serrant contre
sa poitrine, il fit tant, que le vieux Simon, qui
jusqu'alors avait eu les yeux secs, les lèvres blanches, tout le corps tremblant, retomba dans son
fauteuil, avec ses deux mains sur son front, et se
mit à fondre en larmes.

Le curé le laissa pleurer quelque temps sans lui
rien dire ; ensuite il voulut raisonner avec lui des
mesures que l'on pouvait prendre pour sauver l'honneur de Claudine. Mais Simon l'interrompit : Monsieur le curé, lui dit-il, on ne sauve point ce qui est
perdu; chaque moyen que nous prendrions nous
rendrait coupables nous-mêmes par les mensonges
qu'il faudrait faire. Cette malheureuse ne doit plus
rester ici ; elle y serait le scandale de tous et le sup-
plice de son père : qu'elle s'en aille, M. le curé ;
qu'elle vive, puisque l'infame peut vivre ; mais que
moi je meure loin d'elle ; qu'elle parte aujourd'hui
même ; qu'elle sorte de notre pays ; et que jamais
elle ne se présente devant mes cheveux blancs qu'elle
a déshonorés !

M. le curé voulut essayer de fléchir Simon ; ses efforts furent inutiles. Simon répéta l'ordre positif de

faire partir Claudine. Notre bon curé s'en allait tristement, lorsque le vieillard courut après lui, le ramena dans sa chambre, ferma la porte, et, lui remettant une vieille bourse de peau remplie d'une cinquantaine d'écus : M. le curé, lui dit-il, cette malheureuse va manquer de tout : donnez-lui ces cinquante écus, non pas de ma part, gardez-vous en bien, mais comme une charité de vous : dites-lui que c'est le bien des pauvres que la compassion vous fait donner au crime : surtout ne parlez pas de moi.... Et si vous pouviez écrire à quelqu'un pour lui adresser, lui recommander.... Je connais votre humanité; je ne veux ni rien vous dire ni rien savoir.

Le curé ne lui répondit qu'en serrant sa main. Il courut rejoindre Nanette, qui l'attendait dans la rue, plus morte que vive. Rentrez, lui dit-il, rentrez dans la chambre de votre sœur, faites un paquet de toutes ses hardes; prenez tout généralement, et venez l'apporter chez moi : je ne puis vous parler que là. Nanette obéit en pleurant : elle se douta bien de ce qui arrivait, et mit dans le paquet de Claudine ses propres habits, son linge, avec le peu d'argent qu'elle possédait. Elle revint ensuite chez notre curé, qui lui raconta son entretien avec Simon, lui remit une longue lettre pour le curé de Salenches, et lui dit:

Ma chère enfant, aujourd'hui même il faut conduire votre sœur à Salenches : vous lui direz ce qui
s'est passé. Il est inutile que je la voie ; mon ministère m'obligerait à lui faire des reproches qui se-
raient trop cruels dans ce moment. Vous lui remet-
trez cette bourse, à laquelle je vais joindre quelques
écus de mes épargnes ; vous lui donnerez cette lettre
pour mon confrère le curé de Salenches ; vous la
mènerez jusqu'à son presbytère, où il n'est pas nécessaire que vous entriez ; vous reviendrez ensuite
auprès de votre père, qui a besoin de vous, mon
enfant, de vous dont la sagesse et la vertu adouci-
ront, je l'espère, les chagrins que lui donne votre
sœur. Allez, ma fille, partez tout à l'heure ; nous
nous reverrons demain.

Nanette, en soupirant, prit le paquet, la lettre,
la bourse, et s'en alla sur le Montanvert. Elle trouva
Claudine couchée par terre, pleurant et se désolant.
Nanette lui ménagea tant qu'elle put les ordres
qu'elle apportait : mais quand Claudine fut instruite
qu'il fallait s'en aller sur-le-champ, elle poussa des
cris horribles, s'arracha les cheveux, se meurtrit le
visage en répétant toujours : Je suis chassée ; mon
père me donne sa malédiction : tuez-moi, ma sœur,
tuez-moi, ou je me jette dans ce précipice.

Nanette l'embrassait et la contenait. Elle fut plusieurs heures à la calmer, en lui donnant l'espérance

que Simon s'apaiserait un jour, et lui promettant de l'aller voir souvent, de ne jamais l'abandonner. Enfin elle décida Claudine à partir; et toutes deux, à la nuit tombante, prirent le chemin de Salenches, en évitant de passer par notre village, où, malgré l'obscurité, la pauvre Claudine aurait cru que tout le monde lisait sa faute sur son front.

La route fut triste, comme vous pensez; elles n'arrivèrent qu'au point du jour. Nanette ne put se résoudre à paraître avec sa sœur devant M. le curé de Salenches. Elle fit ses adieux à Claudine avant d'entrer dans la ville, la tint long-temps serrée contre son sein, lui remit tout ce qu'elle avait pour elle, et la quitta presque aussi désolée que sa malheureuse sœur.

Dès que Claudine se vit seule, tout son courage l'abandonna. Elle alla se cacher dans la montagne, et y passa la journée sans prendre aucune nourriture, résolue de se laisser mourir. Cependant, quand la nuit fut venue, elle eut peur et s'achemina vers la ville, où elle demandait à voix basse la maison de M. le curé. On la lui indiqua. Elle frappa doucement; une vieille gouvernante vint lui ouvrir.

Claudine s'annonça de la part de M. le curé du Prieuré. La gouvernante la conduisit aussitôt vers son maître, qui soupait dans ce moment, tout seul au coin de son feu. Claudine, sans oser lever les

yeux, sans oser dire une parole, lui remit sa lettre
en tremblant ; et, tandis que le curé lisait en se rap-
prochant de sa lumière, la pauvre fille couvrit son
visage de ses deux mains, et se mit à genoux près
de la porte.

M. le curé de Salenches est un brave et digne
homme : toute sa paroisse le chérit et le respecte
comme un père. Quand il eut fini la lettre, et qu'en
retournant la tête il vit cette jeune fille à genoux,
toute baignée de larmes, il se mit à pleurer aussi.
Il la releva, loua son repentir, lui fit espérer le
pardon d'une faute qui lui causait tant de douleur,
la força de manger malgré ses refus ; et rappelant
sa gouvernante qui était sortie, il la chargea de
préparer un lit pour Claudine. Claudine, tout étonnée
de voir quelqu'un qui ne la méprisait pas, lui baisait les mains sans répondre, et baisait celles de la
gouvernante, qui s'empressait de la faire souper. Le
curé, assis près d'elle, lui parlait avec amitié, ne
disait pas le moindre mot qui pût lui rappeler son
malheur : il demandait des nouvelles du bon curé
son confrère ; il racontait les bonnes actions que ce
digne pasteur avait faites, et se plaisait à répéter que
la plus belle comme la plus douce fonction de leur
ministère était de consoler les malheureux et de ramener les cœurs égarés. Claudine l'écoutait avec un
respect, avec une reconnaissance qui l'empêchaient

de manger; elle le regardait avec des yeux pleins de larmes; il lui semblait voir un ange du ciel que Dieu lui envoyait pour la relever. Quand son souper fut fini, la gouvernante vint l'avertir que sa chambre était prête. Claudine alla se coucher bien plus calme : elle ne dormit pas, mais du moins elle reposa.

Dès le lendemain au matin, le bon curé courait Salenches pour trouver un petit logement où Claudine pût accoucher. Une vieille femme qui vivait seule, et qui s'appelait madame Félix, offrit une chambre, en promettant le secret. Claudine y vint à la nuit. Le curé voulut payer de son argent trois mois de la pension d'avance; et madame Félix convint avec lui de faire passer Claudine pour une de ses nièces mariée à Chambéry. Tout fut arrangé; il était grand temps, car la fatigue du chemin, les peines, les agitations qu'avait éprouvées Claudine, lui donnèrent des douleurs dès le soir même. Quoiqu'elle ne fût grosse que de sept mois, elle accoucha d'un garçon beau comme le jour, que madame Félix tint sur les fonts de baptême, et qu'elle nomma Benjamin.

Le curé voulait tout de suite envoyer cet enfant en nourrice : mais Claudine le pria tant, lui dit avec tant de pleurs qu'elle aimait mieux mourir que d'être séparée de son petit Benjamin, qu'il fallut le lui laisser, du moins pour les premiers jours; et, quand ces premiers jours furent passés, la tendresse de la mère pour son fils se trouva plus forte. Le curé parla raison, lui représenta qu'elle rendait impossible son retour à Chamouny, sa réconciliation avec son père. Claudine l'écoutait en baissant les yeux, et ne répondait à tout cela qu'en embrassant Benjamin.

Le temps s'écoula, Claudine achevait sa nourriture, et demeurait toujours chez madame Félix, qui l'aimait de tout son cœur. Les cinquante écus de son père, ceux que Nanette avait mis dans le paquet, suffisaient pour payer sa pension. Cette bonne Nanette n'osait point venir voir sa sœur à Salenches; mais elle portait tout ce qu'elle pouvait économiser chez notre curé, qui le faisait passer à son confrère. Ainsi Claudine ne manquait de rien; il lui fallait si peu de chose! Elle ne sortait jamais que les dimanches pour aller à la première messe; le reste du temps, elle le passait avec son fils et la vieille, qui, ayant été autrefois maîtresse d'école à la Bonne-Ville, apprit à Claudine à bien lire, à bien écrire, et lui donna une sorte d'éducation. Claudine enfin n'était pas malheureuse; le petit Benjamin était charmant, mais ce bonheur ne pouvait pas durer.

Dix-huit mois se passèrent. Benjamin marchait

déjà tout seul. Claudine avait si bien profité des instructions de la bonne madame Félix, qu'elle se trouvait en état d'instruire un jour elle-même son fils ; ce fils devenait de plus en plus aimable. Claudine ne pouvait se lasser de l'admirer ; elle n'était occupée que de lui ; elle ne songeait qu'à l'aimer, quand le curé de Salenches vint la trouver un matin.

Ma chère fille, lui dit-il, lorsque je vous ai recueillie ; lorsque j'ai couvert votre faute du manteau de la charité, mon projet était de mettre votre enfant en nourrice, de le faire élever dans un village, et de lui donner ensuite les moyens de gagner sa vie. J'espérais, pendant ce temps, apaiser la colère de votre père, l'engager à vous reprendre dans sa maison, où votre repentir ; votre modestie, votre amour pour la sagesse et le travail, lui auraient fait oublier les chagrins que vous lui causâtes. Cette conduite était la seule raisonnable, la seule qui pût vous rendre l'amitié de votre père et l'estime de vos amis. Vous seule vous y opposez : votre tendresse passionnée pour votre fils, votre résolution de ne jamais le quitter, vous exilent à jamais de la maison paternelle. Comment voudriez-vous que Simon vît cet enfant ? Que pourrait-il être à ses yeux, à ceux de tout votre village, qu'un sujet éternel de honte et de douleur ? Vous avez

2.

assez de raison, assez de cœur, assez d'esprit, pour
sentir qu'il faut renoncer à votre enfant ou à votre
père, à votre famille, à votre pays. Je lis dans vos
yeux que votre choix est fait : mais je dois vous représenter que vous ne pouvez pas rester ici toute la
vie chez une pauvre et bonne femme qui vous est
tendrement attachée, je le sais, qui vous demandera
peut-être de ne jamais vous séparer d'elle, mais à
qui son indigence ne permet pas de vous garder
pour rien. Je ne puis moi-même vous continuer les
faibles secours que je vous ai donnés, parce qu'ils
sont le bien de tous les malheureux, et qu'après
avoir rempli vis-à-vis de vous les devoirs que me
prescrivait votre situation, je serais coupable d'a-
bandonner les autres infortunés pour satisfaire un
amour que j'excuse, qui m'attendrit, mais que je
ne dois pas encourager. Vous me répondrez que
vous pouvez vivre avec l'argent que votre sœur vous
fait passer. Mais cet argent est pris sur sa subsis-
tance, sur celle de sa famille et de son mari. Nanette travaille à la terre tandis que vous caressez
Benjamin; Nanette vous envoie le fruit de sa peine,
et Nanette n'a point fait de faute. Je le demande à
votre cœur, ma chère fille, devez-vous recevoir long-
temps ces bienfaits? Il ne vous resterait qu'une ressource; ce serait de vous mettre en service, soit à
Genève, soit à Chambéry. A votre âge, avec votre

figure, entourée peut-être de mauvais exemples, ce parti vous exposerait à bien des périls ; d'ailleurs je doute qu'avec un enfant que vous ne voulez pas quitter vous trouviez des maîtres qui vous reçoivent. Pensez à toutes ces considérations ; réfléchissez-y mûrement ; je vous donne deux jours. Vous me direz à quoi vous êtes déterminée, et je vous promets de faire encore pour vous tout ce qu'il me sera possible de faire.

Après ce discours le curé sortit, laissant Claudine dans une grande incertitude et dans une affliction plus grande. Elle sentait la vérité de tout ce que le sage curé venait de lui dire ; elle sentait encore mieux qu'il lui serait impossible de vivre sans Benjamin ; elle passa toute la journée et toute la nuit à chercher, à rouler dans sa tête les moyens de ne plus être à charge à sa sœur, et de ne pas quitter son fils ; enfin elle prit un parti qui pouvait avoir ses dangers, mais qui du moins accordait tout ; et, décidée à le suivre, elle se leva dès le point du jour pour écrire ce billet au curé.

« Mon cher bienfaiteur,

« J'ai bien du chagrin de ne pouvoir m'acquitter
« de tout ce que je vous dois par une soumission
« égale à ma reconnaissance pour vous. Le bon Dieu

« sait que, s'il ne fallait que donner ma vie pour
« que vous fussiez content, je ne serais pas si mal-
« heureuse. Mais quelle différence de mourir ou de
» quitter Benjamin ! Je ne le peux pas , M. le curé;
» j'ai essayé tout ce que j'ai de forces : ne me haïssez
« point, je ne le peux pas. Je ne veux plus être à
« charge à ma pauvre sœur, ni à la bonne madame
« Félix, ni à vous, qui avez tant fait pour moi.
« Quand cette lettre vous arrivera, je serai déjà
« loin de Salenches, et je n'y reviendrai plus. J'ai
« trouvé des moyens de vivre sans être au service
« de personne, sans risquer d'abandonner jamais la
« vertu, que vous m'avez tant fait aimer. Soyez tran-
« quille sur ce point, mon cher bienfaiteur; je m'en
« vais sans instruire la bonne madame Félix : elle
« voudrait me retenir, je n'aurais pas le courage de
« la refuser. Je laisse dans le tiroir de ma petite table
« de noyer quarante-cinq livres que je lui dois pour
« le quartier qui va finir. Je vous prie de les lui don-
« ner, en lui disant bien que je la regretterai et la bé-
« nirai toujours. Quant à vous, mon cher bienfai-
« teur, c'est le bon Dieu qui vous bénira, car vous
« êtes son image sur la terre; et après lui, c'est vous
« que j'honore, que je respecte, et que je chéris le
« plus.

« CLAUDINE. »

Après avoir cacheté cette lettre, elle la laissa sur la table, fit son paquet, mit dans un mouchoir une vingtaine d'écus qui lui restaient; et portant Benjamin dans ses bras, elle sortit de Salenches.

Elle prit le chemin de Genève, alla coucher à la Bonne-Ville, parce que le petit Benjamin ne lui permettait pas d'aller vite. Le second jour, elle vint à Genève. Son premier soin fut d'y vendre tout ce qu'elle avait de hardes, de linge, et d'acheter avec ce qu'elle put en tirer trois chemises d'homme, des souliers plats, des culottes, un gilet, une veste de drap brun, un mouchoir de soie, et un bonnet rouge. Elle coupa ses beaux cheveux noirs, qu'elle vendit à un perruquier, se fit un havresac de peau de veau, dans lequel elle mit son bagage. Elle ôta de son doigt le beau diamant vert qu'elle n'avait jamais quitté, le passa dans un cordon qu'elle suspendit à son cou, et le cacha sous sa chemise. Ainsi vêtue en petit Savoyard, un gros bâton à la main, le havresac sur les épaules, et Benjamin assis par-dessus le havresac, joignant ses petites mains sous le menton de Claudine, elle sortit de Genève en demandant la route de Turin.

Elle mit douze jours à traverser les montagnes, sans qu'il lui arrivât aucun accident : au contraire, dans les auberges où elle dînait et couchait, l'âge, la figure du joli Savoyard, cet enfant qu'il portait sur le dos et qu'il appélait son frère, intéressaient tout le monde. Partout on traitait bien les petits voyageurs ; et quand Claudine payait le matin, on lui demandait moitié moins qu'aux autres : quelquefois même on n'exigeait d'elle que de chanter la fameuse chanson des vielleuses de son pays. Claudine alors, sans se faire prier, d'une voix douce et sensible, commençait ainsi cet air si connu dont elle avait un peu changé les paroles :

> Pauvre Jeannette,
> Qui chantais si bien,
> Larirette,
> Triste et seulette:
> Tu ne dis plus rien.
> Las ! je soupire
> Loin de mon ami :
> Ne sais rien dire
> A d'autres qu'à lui.
>
> Jeune fillette,
> Ne peux-tu changer ?
> Larirette :
> Crois-moi, Jeannette,
> Choisis un berger.
> Le roi lui-même
> Aurait un refus :
> Du jour qu'on aime,
> On ne choisit plus.

Le voyage de Claudine ne fut pas cher. Lorsqu'elle fut arrivée à Turin, il lui restait encore de
l'argent : elle loua une petite chambre sous les
toits, dans un cabaret; elle acheta le peu de meubles qu'il lui fallait, une sellette, des brosses, une
bouteille d'huile; et, suivie de Benjamin qui ne la
quittait jamais, elle alla, sous le nom de Claude,
s'établir dans la place du Palais-Royal, pour dé-
crotter les passans.

Les premiers jours ne lui valurent pas grand-
chose, parce qu'elle s'y prenait assez mal, et qu'elle
mettait beaucoup de temps à gagner un sou : mais
bientôt elle devint habile, et l'ouvrage alla beaucoup mieux. Claude, intelligent, alerte, dispos,
faisait les commissions du quartier. Benjamin, pendant ses absences, s'asseyait sur la sellette et la gardait. S'il y avait une lettre, un paquet à porter, une
caisse à monter dans une chambre, des bouteilles à
descendre à la cave, on appelait Claude de préfé-
rence. Tous les domestiques, tous les portiers,
toutes les cuisinières paresseuses l'avaient pris pour
leur homme de confiance; et le soir, Claude rapportait souvent chez lui plus d'un écu qu'il avait gagné.
Ce gain suffisait de reste à son entretien, à celui de
Benjamin, qui grandissait à vue d'œil, devenait tous les
jours plus beau, et se faisait caresser de tout le monde.

Cette vie assez heureuse durait depuis plus de

deux ans, lorsqu'un jour Claudine et son fils étant sur la place du Palais-Royal, et baissés à terre tous deux pour arranger leur sellette, virent un pied se poser dessus. Claudine aussitôt prend sa brosse; et, sans regarder le maître du soulier, elle commence promptement son ouvrage. Quand le plus difficile est fait, elle lève la tête.... Sa brosse lui tombe des mains; elle demeure saisie: c'est M. Belton qu'elle a reconnu: Le petit Benjamin, qui n'avait point de distraction et qui ne reconnaissait personne, relève aussitôt la brosse tombée, et, d'une main faible encore, veut continuer à la place de Claudine, qui restait toujours immobile, les yeux attachés sur le jeune Anglais. M. Belton, étonné, demande à Claudine ce qui l'arrête; et rit des efforts de l'enfant, dont la figure lui plaît. Claudine reprend alors ses esprits, s'excuse auprès de M. Belton avec une voix si douce, avec des paroles si bien dites, que l'Anglais, plus surpris encore, fait des questions à Claudine sur son pays et sur son sort. Claudine répond d'un air calme que son frère et lui sont deux orphelins occupés de gagner leur vie au métier qu'il leur voit faire, et qu'ils sont nés tous deux dans la vallée de Chamouny. Ce nom frappa vivement M. Belton; il regarde fixement Claudine, et, croyant reconnaître des traits qu'il n'avait pas oubliés, il lui demande son nom. Je

Nouvelles P. 252

m'appelle Claude, dit-elle. — Et vous êtes de
Chamouny? — Oui, monsieur, du village même
du Prieuré. — N'avez-vous point d'autre frère? —
Non, monsieur, je n'ai que Benjamin. — Et de
sœur, point? — Pardonnez-moi. — Comment s'appelle votre sœur? — Elle se nomme Claudine. —
Claudine? — Oui, c'est son nom. — Où est-elle? —
Oh! je n'en sais rien. — Comment pouvez-vous igno-
rer cela? — Pour beaucoup de raisons, monsieur,
qui ne vous intéresseraient guère, et qui me feraient
pleurer. Elle avait en effet les larmes aux yeux.
M. Belton se tut en la considérant. Claudine l'avertit
que son ouvrage était achevé. M. Belton, qui ne s'en
allait point, tire de sa poche une guinée, et la lui
donne d'un air attendri. Je ne puis vous rendre, lui
dit Claudine. Gardez tout, répliqua l'Anglais, et
répondez-moi: Seriez-vous fâché de quitter le métier que vous faites pour entrer dans une bonne
condition? — Cela ne se peut pas, monsieur. —
Pourquoi donc? — Parce que rien dans le monde ne
me ferait quitter mon frère. — Mais si on le prenait
avec vous. — Cela deviendrait différent. — Hé
bien! Claude, vous êtes à moi, je vous prends à mon
service: vous serez fort heureux dans ma maison,
et votre frère y demeurera. — Monsieur, lui répondit Claudine fort troublée, ayez la bonté de me
donner votre adresse, j'irai vous parler demain au

matin. M. Belton déchira le dessus d'une lettre, lui fit promettre de ne pas manquer, et continua son chemin en retournant plusieurs fois la tête.

Claudine avait grand besoin que cette conversation finît; ses larmes la suffoquaient. Elle se hâta de gagner sa chambre, et s'y renferma pour réfléchir à ce qu'elle devait faire. Il lui paraissait dangereux d'entrer au service du jeune Anglais; son cœur l'y appelait pourtant, et le désir de rendre un père à Benjamin était un puissant motif. D'un autre côté, la manière dont M. Belton l'avait trompée, la promesse qu'elle avait faite au curé de Salenches et à elle-même de fuir toutes les occasions qui pouvaient menacer sa vertu, la faisaient beaucoup hésiter; mais l'intérêt de Benjamin fut le plus fort. Claudine, après avoir bien réfléchi, résolut d'aller chez M. Belton, de le servir avec zèle, de lui faire chérir son fils, mais de lui cacher soigneusement qu'elle était cette Claudine qu'il avait semblé reconnaître. Elle se repentit alors d'en avoir peut-être trop dit, et se promit bien de ne plus ajouter un seul mot qui pût instruire tout-à-fait l'Anglais.

Ce parti pris, dès le lendemain au matin elle se rendit chez M. Belton : elle en fut fort bien reçue. L'Anglais convint de lui donner de très-bons gages, la fit loger elle et Benjamin, et donna des ordres pour qu'ils fussent habillés sur-le-champ. Après ces

préliminaires, M. Belton voulut reprendre la conversation de la veille, et questionna son nouveau
domestique sur cette sœur dont il avait parlé. Mais
Claudine l'interrompit : Monsieur, dit-elle, ma sœur
n'existe plus : elle doit être morte de misère, de
chagrin, de repentir : toute notre famille a pleuré
son malheur ; et ceux qui ne sont pas nos parens
n'ont peut-être pas le droit de nous rappeler un
souvenir si triste. Belton, plus surpris que jamais du
ton, de l'esprit de Claude, cessa dès le moment ses
questions ; mais il conçut beaucoup d'estime et prit
une véritable amitié pour ce singulier jeune homme.

Claude devint dans peu de temps le favori de son
maitre. Le petit Benjamin, vers lequel M. Belton se
sentait attiré par un charme involontaire, était sans
cesse dans sa chambre, et l'Anglais le comblait de
présens. L'aimable enfant, qui semblait deviner qu'il
devait le jour à M. Belton, l'aimait presque autant
qu'il aimait Claudine, et le lui disait avec une grace,
avec des caresses si naïves, que l'Anglais ne pouvait
plus se passer de Benjamin. Claudine en pleurait de
joie ; mais elle cachait ses larmes, elle redoublait de
soin pour n'être pas reconnue. La dissipation de
M. Belton, ses liaisons, ses amours avec plusieurs
femmes de Turin, affligeaient le cœur de Claudine,
et lui faisaient craindre que le moment de se découvrir n'arrivât peut-être jamais.

En effet, M. Belton, que la mort de ses parens
laissaient maître à dix-neuf ans d'une très-grande
fortune, l'avait employée jusque alors à parcourir
l'Italie, s'arrêtant partout où il s'amusait, c'est-à-
dire partout où il trouvait des femmes qui lui plaisaient, le trompaient et le ruinaient. Une dame de
la cour de Turin, assez âgée, mais encore belle, était
alors sa maîtresse. Cette femme, vive, emportée,
était fort jalouse de M. Belton. Elle exigeait que
tous les soirs il vînt souper avec elle, et qu'il lui
écrivît tous les matins. L'Anglais n'osait pas y manquer ; encore y avait-il souvent des querelles, des
brouilleries : pour la moindre chose la dame voulait
se tuer, prenait un couteau, pleurait, s'arrachait les
cheveux, et jouait des comédies qui commençaient à
ennuyer M. Belton. Claude voyait tout cela, car les
soirs il accompagnait son maître : il le servait à
table, et les matins c'était lui qui portait ses lettres
à la dame. Son pauvre cœur en souffrait assez ;
mais il souffrait sans rien dire ; il obéissait à M. Belton, qui lui marquait tous les jours plus de confiance, et se plaignait souvent à lui de la triste et fa-
tigante vie qu'il menait. Claude risquait alors quelques petits conseils, moitié gais, moitié sérieux, que
son maître écoutait en les approuvant, et promettant d'en profiter le lendemain ; le lendemain arrivait, M. Belton retournait chez sa dame, plus par

habitude que par amour; et Claude, qui pleurait en
secret, faisait semblant de sourire en accompagnant
son maître.

Quelques mois se passèrent ainsi : enfin il vint
une querelle si forte entre l'Anglais et la marquise,
que celui-ci résolu de ne plus retourner chez elle,
se lia, pour s'en empêcher, avec une autre dame de
la ville, qui ne valait guère mieux que celle qu'il
abandonnait. Claudine ne trouva dans ce changement qu'un nouveau sujet d'affliction. Tout ce
qu'elle avait dit, tout ce qu'elle avait fait était à
recommencer. Elle s'y résigna sans se plaindre; et
toujours aussi soumise, aussi douce, aussi attachée
à son maître, elle écouta ses nouvelles confidences,
et le servit avec la même fidélité.

Mais la marquise n'était pas d'humeur à céder
ainsi le cœur de son Anglais. Elle le fit épier, dé-
couvrit bientôt sa rivale; et, résolue de tout employer
pour ramener ou pour punir M. Belton, elle épuisa
d'abord toutes les ressources de la finesse, de l'intri-
gue, pour le faire revenir chez elle. Ses efforts furent
inutiles. L'Anglais ne répondit point à ses lettres,
refusa ses rendez-vous, se moqua de ses menaces.
La marquise, désespérée, ne s'occupa plus que de se
venger.

Un jour que, selon sa coutume, M. Belton, suivi
de Claudine, sortait à deux heures du matin de chez

3.

sa nouvelle maîtresse, et que, déjà mécontent d'elle, il disait à son fidèle Claude qu'il avait grande envie de retourner à Londres, tout à coup quatre scélérats, cachés au détour d'une rue, tombent avec des poignards sur M. Belton, qui n'eut que le temps de se jeter contre le mur en mettant l'épée à la main. Claudine, à la vue des assassins, s'était précipitée devant son maître, et avait reçu dans la poitrine le coup du poignard qui devait frapper M. Belton : elle était tombée aussitôt. L'Anglais poussant des cris de fureur, court sur celui qui l'a blessée, le jette sur le carreau, et attaque les trois autres avec tant de vivacité, qu'ils prennent la fuite. M. Belton ne les poursuit point ; il revient à son domestique, le relève, l'embrasse, l'appelle en pleurant : mais Claudine ne répond point, Claudine est évanouie. M. Belton la prend dans ses bras, la porte à son hôtel, qui n'était pas loin, va la déposer sur son propre lit ; et, tandis que tous ses gens courent, par son ordre, chercher un chirurgien, M. Belton, impatient de voir si la blessure est considérable, déboutonne la veste de Claudine, écarte la chemise pleine de sang, regarde, et demeure stupéfait en voyant le sein d'une femme.

Dans ce même instant le chirurgien arrive ; il visite la plaie : elle n'est pas mortelle ; le poignard avait glissé sur l'os. Mais Claudine ne revient point : on la panse, on lui fait respirer des eaux fortes.

M. Belton, qui lui soutenait la tête, aperçoit un cordon qui lui pend au cou ; il tire ce cordon, voit, une bague... C'est la sienne, c'est la même qu'il avait laissée sur le Montanvert à cette jolie bergère qu'il abandonna si cruellement. Tout est reconnu, tout est éclairci ; mais M. Belton se contient : il fait venir une garde qui déshabille Claudine, qui la porte dans son lit ; et la pauvre fille, en reprenant enfin connaissance, promène des yeux étonnés sur la garde, sur le chirurgien, sur son maître et sur Benjamin, qui, réveillé par tout ce bruit, s'était levé demi nu pour courir auprès de son frère, qu'il embrassait en poussant des cris.

Le premier mouvement de Claudine fut de consoler Benjamin. Ensuite, se rappelant ce qui lui était arrivé, se voyant dans un lit ; et réfléchissant avec inquiétude qu'on l'avait déshabillée, elle porta vivement sa main au cordon qui tenait sa bague. M. Belton, qui l'examinait, lut dans ses regards le plaisir qu'elle sentit en le retrouvant. Il fit aussitôt sortir tout le monde ; et se mettant à genoux auprès du lit, en prenant la main de Claudine :

Calmez-vous, lui dit-il, calmez-vous : je sais tout, ma chère amie, et c'est pour notre bonheur à tous deux. Vous êtes Claudine, et je fus un monstre. Je n'ai qu'un moyen de cesser de l'être : vous seule pouvez me le procurer. Je vous dois déjà la vie, je

veux vous devoir encore l'honneur : oui, l'honneur ;
car c'est moi qui l'ai perdu, et non pas vous. Votre
blessure n'est pas dangereuse; vous serez dans peu
rétablie. Aussitôt que vous pourrez sortir, vous vien-
drez à l'autel me donner le nom d'époux ; me par-
donner un crime affreux que je suis loin de me par-
donner à moi-même. Ce mariage, que je demande,
que je sollicite à genoux, doit m'honorer, doit m'en-
noblir aux yeux de ceux qui connaissent la vertu.
Je l'oubliai long-temps, Claudine, cette vertu si aimable : mais elle m'en devient plus chère quand
c'est vous qui lui rendez mon cœur.

Jugez de l'étonnement, de la joie, des transports
de Claudine. Elle voulait parler, ses pleurs l'en empêchaient. Elle aperçut alors le petit Benjamin,
qu'on avait fait sortir avec les autres, et qui, inquiet
de son frère, entr'ouvrait tout doucement la porte,
et avançait son joli visage pour voir ce qui se passait dans la chambre. Claudine le montre à M. Belton, en lui disant : Voilà votre fils ; il vous répondra
mieux que moi. L'Anglais se précipite vers Benjamin, le prend dans ses bras, le couvre de baisers ;
et, le portant à sa mère, il passa le reste de la nuit
entre sa femme et son enfant dans un contentement
de cœur qu'il n'avait pas encore connu.

Au bout de quinze jours Claudine fut rétablie:
Elle avait instruit M. Belton de tout ce qui lui était

arrivé. Ce récit ne l'avait rendue que plus chère
au jeune Anglais, qui en était bien plus amoureux
que la première fois qu'il l'avait vue. Dès qu'elle put
soutenir le voyage, Claudine, habillée en femme,
mais vêtue fort modestement, monta dans la voiture
de l'Anglais avec le petit Benjamin ; et tous trois,
selon leur nouveau projet, allèrent droit à Salenches descendre chez M. le curé. Ce bon pasteur ne
reconnut point Claudine. L'Anglais s'amusa quelque
temps de son embarras. Enfin Claudine, en l'embrassant, lui rappela tous ses bienfaits, et l'instruisit du motif de leur voyage. Le bon curé bénit le ciel ; il courut
chercher la vieille madame Félix, qui vivait encore,
et qui pensa mourir de joie en revoyant Claudine et
Benjamin. Dès le lendemain ils partirent tous pour
se rendre à Chamouny, où M. Belton, qui était catholique, voulut que le mariage se fît publiquement
dans la paroisse du Prieuré.

Dès le soir de leur arrivée, le jeune Anglais envoya M. le curé de Salanches chez le redoutable
M. Simon, pour lui demander la main de sa fille. Le
vieillard le reçut avec gravité, l'écouta sans témoi-
gner beaucoup de joie, et ne répondit que deux ou
trois mots en donnant son consentement. Claudine
vint se jeter à ses pieds : le vieillard l'y laissa quelques instans, la releva sans sourire, l'embrassa sans
la serrer, et salua froidement M. Belton. La bonne

Nanette, qu'on avait appelée au moment de l'arrivée de Claudine, pleurait et riait toujours. Quand on se mit en chemin pour l'église, elle portait sur un bras Benjamin, de l'autre elle tenait sa sœur ; les deux curés marchaient devant, la vieille dame Félix derrière, avec M. Simon qu'elle grondait, et tous les enfans du village suivaient en chantant des chansons.

On se rendit ainsi à la paroisse, où M. le curé de Chamouny laissa dire la messe au curé de Salenches. La noce fut belle ; tout le village dansa pendant huit jours. M. Belton avait fait dresser des tables dans la prairie, au bord de l'Arve, où venait s'asseoir qui voulait. Il acheta de bonnes terres pour le vieux M. Simon : mais celui-ci refusa de les accepter, et se fâcha même contre le curé qui lui reprochait ce refus. Nanette ne fut pas si dure ; elle prit ces terres et une jolie maison que M. Belton lui donna : elle est à présent la plus riche et la plus heureuse de notre village. Monsieur et madame Belton s'en retournèrent au bout d'un mois, emportant avec eux les bénédictions de tout le monde : ils sont à Londres, où M. Benjamin a déjà cinq ou six frères ou sœurs.

Voilà leur histoire, que je n'ai pu rendre plus courte, parce que j'ai tâché de vous la raconter comme la raconte M. le curé, à qui souvent je l'ai entendu dire. Vous m'excuserez si elle ne vous a pas intéressé.

Je remerciai beaucoup François Paccard, en l'assurant que son récit m'avait fort touché. Je descendis ensuite le Montanvert, tout occupé de Claudine ; et, de retour à Genève, j'écrivis cette histoire telle que Paccard me l'avait dite, sans chercher même à corriger les fautes de goût et de style que les connaisseurs doivent y trouver.

ZULBAR [1].

NOUVELLE INDIENNE.

Vous ne me tromperez plus, perfides et lâches humains! Trop long-temps je rendis hommage aux fausses vertus que vous affectez; trop long-temps, pour vous croire bons, je fermais les yeux quand vous agissiez, j'ouvrais les oreilles dès que vous parliez; j'avais soin de vous admirer à l'heure où vous vouliez paraître estimables, et je vous perdais de vue pendant les années où vous ne l'étiez point. Je suis las enfin d'observer ce long traité de mensonges qu'on signe en entrant dans le monde. Je ne vois plus rien que de méprisable dans cette société d'animaux qui, tout à la fois orgueilleux et bas, envieux et méprisans, agités en sens contraires par le désir de la louange, par l'insouciance de la vertu, par l'amour de la paresse, par le besoin de l'activité,

---

[1] Cette nouvelle, à laquelle je n'ai jamais rien compris, m'a été donnée par un des ambassadeurs de Tipoo-Saïb, homme fort obligeant, quoiqu'un peu misanthrope. Je ne la place ici que par reconnaissance pour cet honnête Indien, qui perdit beaucoup de temps à la traduire pour moi.

se tourmentent pour passer le temps, se déchirent pour pouvoir vivre. La nature, qui les a traités suivant leurs mérites, les a condamnés à une foule de maux. Mais ces maux n'ont pu leur suffire : ils sont convenus entre eux d'en inventer encore mille autres, dans l'espérance que leurs voisins les souffriraient; et, de toutes leurs conventions, c'est la seule qu'ils n'aient pas violée..... Mais pourquoi tant de plaintes vaines? Je ressemble à ce vil esclave que son maître avait envoyé dans un affreux caravansérail. Si tu t'y trouves bien, lui avait-il dit, tu m'attendras; dans peu de jours, sois sûr que je viendrai te reprendre : si tu t'y trouves trop mal, rien ne t'empêche d'en partir sans moi. L'esclave l'attendait en se désolant; l'imbécile ne voyait pas la porte.

C'était ainsi que parlait Zulbar, qui, jeune encore, avait éprouvé l'injustice et l'ingratitude. Il se trouvait alors dans un bois immense, solitaire, silencieux. Un orage épouvantable venait de verser sur la terre des flots de grêle et de pluie; quelques éclairs brillaient encore à travers la sombre verdure; le tonnerre mugissait au loin; et le malheureux Zulbar, fatigué, mouillé de l'orage, Zulbar, chassé de sa patrie, fugitif, errant, couvert de haillons, marchait à pas lents, la tête baissée, sous la voûte des cocotiers. Tout à coup, s'abandonnant à ses

dernières réflexions, il s'arrête, tire son poignard,
et lève le bras pour se percer le cœur, quand une
voix se fait entendre : Respecte tes jours, tu peux
m'être utile.

Ah! je suis lassé d'être utile, répondit-il avec dédain; je n'ai trouvé que trop d'ingrats. Cependant,
en disant ces mots, il avait baissé son poignard; et,
par un mouvement involontaire, il s'avançait vers
l'endroit d'où la voix était partie. Ne découvrant
personne autour de lui : Où es-tu donc, s'écria-t-il ?
Parais promptement. Que demandes-tu?

Je demande, répliqua la voix, que tu te baisses
jusqu'au pied de ce buisson de roses sauvages. Regarde de plus près la terre, et soulève cette feuille
de rose dont le poids m'empêche de me mouvoir.

Zulbar, étonné, cherche des yeux, découvre la
feuille de rose, la soulève avec la pointe du poignard
qu'il tenait encore à la main, et voit alors une fourmi
qui, secouant la pluie dont son dos était chargé,
s'essuie avec ses antennes, vient se placer aux pieds
de Zulbar, et lui dit en le regardant :

Graces te soient rendues, généreux étranger! Depuis une heure environ que je suis sous cette feuille,
je n'avais pu dégager que ma tête. Sans ton charitable secours, j'aurais peut-être fini là ma vie; ce
qui m'aurait bien fâchée, car je suis fort contente
de mon sort. Tu me parais peu satisfait du tien : j'ai

entendu tes plaintes amères; je t'ai vu prêt à terminer tes jours. Qu'il me serait doux, mon cher bienfaiteur, de pouvoir contribuer à te les rendre plus
supportables!

Eh! qui es-tu donc? répondit Zulbar plus étonné
que jamais : comment se fait-il que tu parles et que
tu raisonnes? Tu serais bien embarrassé, répliqua
l'insecte, si je te faisais ta question. Mais je t'expli-
querai qui je suis : commence par me raconter tes
malheurs; mes conseils peut-être te seront utiles; il
m'a semblé, par ce que tu as dit, que tu avais beaucoup à te plaindre des hommes; je n'en suis pas
surprise, presque tous sont méchans. Cependant j'ai
toujours pensé qu'il était possible, avec un peu de
soin, d'échapper à leur malice, et je n'ai guère vu
de malheureux qui ne se fût attiré ses maux.

Vous êtes sévère, interrompit l'Indien, et vous
me prouverez sans doute que la feuille qui vous
écrasait n'était tombée que par votre faute.

En parlant ainsi, Zulbar s'assit près de la fourmi.
L'insecte, pour l'entendre mieux, grimpa sur une
branche du rosier sauvage, et Zulbar commença
dans ces termes :

Je suis le fils d'un riche joaillier de la ville de
Tipra. Mon père, satisfait de la fortune qu'il avait
acquise par ses travaux, n'exigea pas que je conti-

nuasse son commerce. Il bâtit une maison jolie et
commode dans un village assez éloigné de la capitale; il acheta les terres qui l'environnaient, et me
laissa possesseur, à dix-huit ans, d'un domaine aussi
beau qu'utile, d'une retraite charmante, de beaucoup d'argent comptant. J'avais une sœur, plus
jeune que moi, remarquable par sa beauté, adorable
par son caractère; elle possédait tous les dons qu'on
aime, elle réunissait toutes les qualités qu'on estime;
son nom était Balkis. Nous nous étions promis de ne
jamais nous quitter.

Riches tous deux d'un patrimoine fort au-dessus
de nos besoins, nous résolûmes d'employer nos
biens à faire le bonheur des autres. Notre maison,
ouverte à nos voisins, aux étrangers, aux voyageurs,
fut surtout l'asile des pauvres. La bienfaisance,
l'hospitalité, devinrent nos plus grandes dépenses;
c'était ma sœur qui s'était réservé les aumônes, les
charités secrètes, les secours prodigués aux malades,
les dots que nous donnions aux jeunes filles qui
n'avaient pas de quoi se marier; c'était moi qui
m'étais chargé de fournir toujours de l'ouvrage aux
ouvriers qui manquaient de pain, de faire les honneurs de notre retraite à ceux qui voulaient bien
nous visiter. Les jours de fête, nos bons villageois
étaient sûrs de trouver chez nous un dîner simple,
mais abondant, que nous leur offrions devant notre

porte, que nous partagions avec eux ; ensuite des hautbois arrivaient ; nous dansions tous ensemble jusqu'à la nuit, et jamais nos convives ne nous quittaient sans venir nous couronner de fleurs , sans baiser nos mains en pleurant de joie, sans prier le ciel de veiller sur nous.

J'ai joui pendant quatre ans de ce bonheur si paisible, dont on ne connaît bien les délices, hélas! que quand on l'a perdu. Je ne désirais rien, je ne regrettais rien ; j'aimais ma sœur, ma sœur m'aimait. Cette amitié pure suffisait à nos ames : j'entendais bénir le nom de Balkis par tous ceux qui la connaissaient ; Balkis entendait quelquefois bénir le nom de son frère, et c'était là notre récompense ; c'était là le plus sûr moyen de nous payer de nos bienfaits ; enfin, de tous les mortels j'étais sans doute le plus heureux, lorsqu'un matin je reçus la visite d'un jeune fakir de notre voisinage , qui venait toutes les semaines renouveler chez nous sa provision.

Zulbar, me dit-il, sais-tu la nouvelle? Non , répondis-je : qu'est-il arrivé? — La reine de Tipra vient de mourir. Le roi fait publier un édit par lequel toutes les filles de son royaume, depuis seize jusqu'à vingt ans, sont obligées de se rendre dans une immense prairie voisine de sa capitale. Au milieu de cette prairie est un sentier étroit du sable le

4.

plus fin, sur léquel on trace légèrement, avec l'extrémité d'une baguette, des caractères mystérieux. Toutes les jeunes filles, l'une après l'autre, doivent parcourir ce sentier ; et celles dont les pieds légers n'auront effacé, dans la course, aucun des caractères tracés, sera la reine de Tipra. Que m'importe, lui dis-je, que notre roi choisisse pour son épouse la plus légère de ses sujettes ? Comment, reprit le fakir, ne veux-tu pas obéir au roi ? Ne faut-il pas que ta sœur Balkis se rende à cette prairie ? Le ciel doit à ses vertus de la placer sur le trône. Songe à la gloire qui l'attend, à tout le bien qu'elle pourra faire. Songe que son frère Zulbar, dont la sagesse et les talens sont pour ainsi dire perdus dans ce misérable village, emploiera peut-être bientôt au bonheur de tout un peuple ces mêmes qualités dont il doit compte à Dieu ; enfin garde-toi d'oublier que la religion, la morale, te défendent de t'opposer aux desseins du ciel.

Ce discours me rendit rêveur. Ma tendresse pour Balkis, l'espoir de la voir sur un trône dont je sentais qu'elle était si digne, la certitude du bonheur qu'elle procurerait à ses sujets, le désir....

D'être son ministre, interrompit la fourmi, voilà le motif qui te décidait, sans oser peut-être t'en rendre compte. Va, je connais la valeur de ces sentimens désintéressés dont l'intérêt personnel s'enve-

loppe, dont on se cache à ses propres yeux son ambition ou sa vanité. Tu me rappelles certain Renard
qu'un jour je trouvai pris au piège : Voyez, me dit-
il d'une voix dolente, ce qu'il m'en coûte pour
aimer mes frères ! En passant auprès de cette ma-
chine, j'ai craint que l'appât qu'elle renfermait
n'attirât à sa perte quelque innocent renard : j'ai
voulu ôter cet appât perfide, et le piège s'est fermé
sur moi.

Je n'en dirai pas plus, Zulbar ; car je te vois
bien malheureux. Tu peux reprendre ton histoire.

Il semble que vous la sachiez, continua le triste
Indien. Je conduisis ma sœur à la prairie : ce fut
elle que le roi choisit. Dès ce moment elle devint la
maîtresse du royaume ; elle disposa de tous les emplois ; moi-même, comblé d'honneurs, accueilli,
fêté, prévenu, je me vis l'idole de la cour, l'objet
de tous les hommages : j'étais jeune, riche, crédule,
et le frère de la favorite ; les naïrs, les courtisans,
s'empressèrent autour de moi, me prodiguèrent les
caresses, briguèrent à l'envi mon amitié. Je n'en
étais pas avare ; je crus qu'on m'aimait, et j'aimai. Je
partageai de bon cœur entre mes nombreux et nouveaux amis, mes biens, mon crédit, mes richesses ;
je vendis toutes mes terres pour leur en prêter le
prix ; je fatiguai sans cesse ma sœur pour leur obtenir ce qu'ils désiraient ; et je me crus trop payé

de mes peines, de ma ruine, par l'extréme reconnaissance de ceux que j'avais obligés, par les éloges qu'ils faisaient de moi, par la vive tendresse qu'ils me témoignaient.

Tant de louanges et tant d'amis enhardirent enfin ma sœur à me faire nommer visir. Toute la cour applaudit à ce choix; je me vis plus loué, plus chéri que jamais : on célébrait déjà le succès que devait avoir mon administration, on ne parlait que de ma gloire; et, comme à force d'entendre dire que j'étais un homme supérieur j'avais fini par le croire, je résolus de me montrer tel. Je m'appliquai de bonne foi, j'employai tout mon temps, toutes mes facultés, à bien régler les affaires du royaume, à le rendre plus florissant, à diminuer le fardeau des peuples. Jusqu'à ce moment j'avais été prodigue de mon propre bien, je devins avare de celui du roi. Je retranchai les nombreux abus, je ne payai que les vrais services, et je parvins presque en même temps à doubler le trésor public et à réduire à moitié les impôts. J'espérais, par ce résultat, justifier la bonne opinion que l'on avait prise de moi; je comptais qu'un pareil succès rendrait mes fidèles amis plus heureux cent fois que moi-même : mais je n'avais déjà plus d'amis. On murmurait hautement; on cabalait pour me déplacer : ceux à qui j'avais partagé mes biens étaient les plus acharnés à me nuire; le fakir sur-

tout, ce jeune fakir dont les funestes conseils me
conduisirent à la cour, et que j'avais, pour sa récompense, établi le chef de nos prêtres, était à la
tête de mes ennemis. Le roi lui-même chaque jour
me traitait avec plus de froideur; mieux je le
servais, moins il m'aimait : j'étais détesté de la
cour, de la ville; tout le monde conjurait ma
ruine; et, sans la protection de Balkis, mes persécuteurs eussent obtenu de me voir périr sur un
échafaud.

Une seule idée me consolait; c'est que le peuple
était plus heureux qu'il ne l'avait été sous mes pré-
décesseurs, quoique les naïrs l'opprimassent encore.
L'impunité dont ces grands jouissaient leur avait
persuadé que les lois n'étaient pas faites pour eux.
Je saisis l'occasion de les détromper. Le magistrat
chargé de la police vint m'avertir un matin que deux
jeunes naïrs, ayant pris querelle la veille avec un
pauvre tisserand, l'avaient frappé de leurs bambous
jusqu'à le laisser mort sur la place : aussitôt j'envoyai chercher les deux naïrs, j'entendis l'aveu de
leur crime, je leur montrai la loi qui les condamnait, et je les fis livrer aux éléphans.

Cette éclatante justice, dont jamais on n'avait vu
d'exemple, indigna toute la cour. Ma sœur eut de
la peine à sauver ma vie : mais je devins l'idole du
peuple, qui m'appela son ami, son père, et ne

douta point, parce qu'il me voyait son appui lors-
·qu'il était attaqué, que je ne le fusse de même s'il
attaquait à son tour. Le jour d'après, deux tisserands, ayant pris querelle avec un naïr, le frap-
pèrent de leurs bâtons, et le firent expirer sous
leurs coups. J'envoyai chercher les deux tisserands,
j'entendis l'aveu de leur crime, je leur montrai la
loi qui les condamnait, et je les fis livrer aux éléphans.

Dès cet instant je devins l'exécration de ce peuple
qui m'avait adoré la.veille; et comme je n'avais pas
de sœur qui pût apaiser chacun des furieux, une
foule immense courut à mon palais, le fer et la
flamme à la main. Mes anciens amis les guidaient,
mes esclaves ouvrirent les portes, mes femmes indiquaient mon appartement. Je n'eus que le temps
de me dérober par un souterrain inconnu qui me
fit gagner la campagne; je changeai d'habit avec un
mendiant; j'allai me cacher au milieu des bois.
Bientôt, malgré tous mes périls, ma tendre amitié
pour ma sœur me ramena dans la ville; j'entendis
un crieur public promettre mille pièces d'or à qui-
conque apporterait ma tête; et je fus instruit que
Balkis, répudiée par le roi, venait d'être conduite
hors de ses États. Déguisé sous ces haillons, je suivis
de loin la trace de ma sœur; j'errai de désert en
désert, ne marchant que la nuit, me cachant le

jour, n'osant passer dans les villages que pour demander l'aumône. Hélas ! on me l'a refusée à la
porte de ma propre maison; j'ai baigné des pleurs
de la faim les degrés de mon ancienne demeure;
j'ai pensé mourir de misère devant l'asile que jadis
j'avais si souvent ouvert au malheur. Enfin, à force
de fatigue, après avoir cent fois bravé la mort,
après avoir vidé jusqu'à la dernière goutte le calice
de l'ignominie, je suis sorti du royaume de Tipra;
mais je n'ai point retrouvé Balkis. Je sens que je
ne puis vivre loin d'elle; et, sans vous, un coup de
poignard allait me délivrer de tant de maux. Pensez-
vous toujours qu'ils soient mérités?

Oui, répondit la fourmi. Pourquoi croyais-tu ce
fakir qui te louait sur tes talens? Pourquoi mener
ta sœur devant le roi? Pourquoi accepter la place
de visir? Si je voulais, je pourrais bien te dire d'autres pourquoi. Tu ne savais donc pas, ami, qu'il
n'est qu'un seul bien dans ce monde? l'obscurité,
l'obscurité, ce bienfait de Dieu que Brama n'accorde qu'à ses favoris : l'obscurité, la source du
repos, l'origine de toutes les félicités, tu la possé-
dais, insensé, et tu t'es donné des soins pour perdre
ce trésor céleste ! tu t'es tourmenté pour fournir à
la fortune les moyens de te tourmenter?

Je n'étais pas né, il s'en fallait bien, avec tous
les avantages que tu reçus de la nature. J'étais le

fils aîné du roi de Baghnagour, je devais lui succéder
à l'empire; et, sans un brame de mes amis, je n'aurais pas évité ce malheur. Ce brame, nommé Dabchelim, m'apprit de bonne heure la sagesse; étude
qu'on croit difficile, longue, pénible, compliquée,
et qui ne consiste que dans deux maximes : *Ne faire
aucun mal, et cacher sa vie.*

Dès l'âge de dix-sept ans, mon rang, ma grandeur, et ce trône qui me menaçait de si près,
étaient les objets de mon aversion. Je commençais
à connaître les hommes; je venais de voir mon pays
déchiré par une guerre civile, la plus sanglante,
la plus terrible qu'on eût encore vue sur les bords
du Gange. Le motif de cette guerre affreuse n'était
autre chose que le privilège qu'avait une certaine
caste de porter des bonnets pointus. Les autres
castes avaient exigé que tout le monde portât les
bonnets ronds, et ces insensés furieux brûlaient les
moissons, les villages, massacraient leurs pères,
leurs frères, les uns pour garder ces bonnets qui
jamais ne les avaient guéris du mal de tête, les autres pour leur arracher une coiffure dont ils se
moquaient tout haut, et qu'ils enviaient en secret.

Tant d'atrocité dans l'orgueil, tant de perversité
dans la sottise, m'inspirèrent pour les humains, non
pas tout le mépris qu'ils méritent, mais la pitié
d'humiliation que doit ressentir un de leurs sem-

blâbles. Je résolus de m'enfuir, d'aller me cacher
aux extrémités du monde, pour échapper au malheur de vivre avec des fous si méchans. Mon père
mourut; et ce même jour, laissant un écrit authen-
tique par lequel je cédais à mon frère et ma cou-
ronne et mes droits, je partis avec Dabchelim, et
nous vinmes nous fixer tous deux dans cette forêt
solitaire, plus mystérieuse que tu ne penses.

Ici nous bâtîmes une cabane; nous réunîmes
dans un jardin les arbres qui devaient nous nourrir;
nous cultivâmes la terre; et nos tranquilles jours
ne furent remplis que par la vertu, le travail, l'a-
mitié. Ici nous vécûmes cent ans, sans affliction,
sans maladie, libres de craintes, d'espérances vaines,
oubliés, ignorés du monde, jouissant pour nous et
par nous de ce repos, le premier des biens, de
cette paix délicieuse que les pauvres humains ne
peuvent comprendre; de cette douce et vive amitié
qui s'augmente par la solitude, qui remplace tout
ce qu'on n'a point, s'embellit de tous les plaisirs
qu'elle partage, et de tous ceux encore dont elle
tient. O que nous fûmes heureux! Le siècle entier
que dura notre vie ne nous sembla qu'un court moment. Nos longues barbes blanches nous avertis-
saient que nous touchions au terme de notre car-
rière; et nos cœurs, notre esprit, n'avaient point
vieilli, lorsque Brama, pour mettre le comble à

notre félicité, nous apparut pendant notre sommeil :
Enfans d'Adimo, nous dit-il, vous avez connu les
vrais biens ; il est temps que votre ame pure se dé-
gage de la dépouille qu'elle a si long temps habitée ;
il est temps qu'elle anime une autre poussière, et
qu'elle commence les métamorphoses auxquelles
Wishnou l'a soumise. Mais vous ne vous quitterez
point, vous changerez de place et non de mœurs.
Revivez pour être toujours heureux, pour vous
aimer, travailler, vous cacher.

A ces mots il disparut; et, m'éveillant aussitôt,
je me trouvai sous une touffe de thym, à côté de
mon ami, devenu fourmi comme moi. Charmés de
notre sort nouveau, nous regardâmes comme une
récompense de conserver nos sentimens, nos goûts,
et de recommencer la vie en tenant encore moins de
place au monde. Nous nous creusâmes notre maison
sous cette touffe de thym; nous parcourûmes les en-
virons de notre nouvelle demeure ; et nous ap-
prîmes que tous les animaux de cette forêt avaient
été des mortels comme nous. Mais, heureux ou
malheureux, punis ou récompensés, suivant le bien
ou le mal qu'ils ont fait, les méchans devenus rep-
tiles, ne se nourrissent que de leur venin; les avares,
changés en mulots, périssent de faim sur leurs pro-
visions; les envieux, transformés en guêpes, expi-
rent auprès d'un rayon de miel; les conquérans,

les princes guerriers, tous ces amans de la gloire,
qui remplirent la terre de deuil et de peur, sont
devenus des chevreuils timides, livrés eux-mêmes à
la peur, et condamnés à périr autant de fois sous la
griffe des léopards, qu'ils ont fait jadis périr de soldats ; tandis que les bons rois changés en abeilles,
les époux fidèles en colombes, les hommes vertueux
en oiseaux divers, travaillent, aiment et chantent
comme ils faisaient autrefois.

Tels sont les habitans de ce bois, nommé le
bois des métamorphoses. Il y a quarante ans que
j'y suis fourmi avec mon cher Dabchelim. Nous nous
suffisons l'un à l'autre ; et, parmi les animaux de la
forêt, nous n'avons voulu contracter amitié qu'avec
un vieux lion, appelé Darud. Cette liaison semble
t'étonner : c'est que tu ne sais pas, ami, que lorsque l'ame est dégagée de son enveloppe humaine,
elle n'est plus susceptible d'orgueil, elle ne trouve
plus de différence entre la matière animée, d'une
façon ou d'une autre : un lion et une fourmi de-
viennent égaux pour elle, comme ils le sont pour
Brama. Ce digne et brave lion, que nous voyons
presque tous les jours, fut jadis un simple soldat,
qui combattit soixante ans pour le salut de sa patrie, qui fut soixante ans vertueux, incorruptible,
vaillant, et toujours oublié de ses rois. Les hommes
l'ont laissé mourir soldat ; Brama l'a fait lion. C'est

lui qui mange quelquefois les conquérans, les chefs
de parti, les perturbateurs du repos des peuples,
devenus aujourd'hui chevreuils; c'est lui qui venge
les humains après les avoir défendus.

Le bon Darud est venu nous voir ce matin; j'ai
laissé Dabchelim avec lui. J'ai quitté notre maison
malgré l'avis de mon frère, qui vainement m'a re-
présenté que, les feuilles étant mouillées, il pourrait m'arriver quelque accident. Je ne l'ai pas cru:
je suis arrivé jusqu'à ce rosier sauvage; j'ai voulu
monter sur une de ses roses, dont une feuille chargée
de pluie est tombée à terre avec moi. Sans ton secours, elle m'écrasait. Ainsi tu vois encore, Zulbar,
que je m'étais attiré ce malheur pour avoir oublié
la maxime du sage : *Pendant l'orage et long-temps
après, ne quitte pas le sein de ton ami.*

Si tu veux devenir le nôtre, si tes malheurs,
comme je le crois, t'ont dégoûté des funestes biens
que les insensés envient, je t'offre de bon cœur la
chaumière que Dabchelim et moi nous avions con-
struite. Là, tu couleras doucement tes jours; tu seras
paisible, ignoré; tu pourras même te trouver heureux en te pénétrant bien de cette vérité, que je
tiens de Dabchelim : *Il vaut mieux se taire que de parler; il vaut mieux être assis que debout; il vaut mieux
dormir que de veiller; et le souverain bien, c'est la mort.*

La fourmi se tut; et Zulbar, encore plus touché

A. Dessine del. J. F. Ribault sculp. 1819.

Nouvelles P. 284.

que surpris de son discours ; accepta son offre avec
reconnaissance. L'espoir de finir sa vie dans un asile
ignoré remplissait son âme de joie ; mais le souvenir
de Balkis mêlait cette joie d'amertume. Il se mit en
marche, guidé par la fourmi, pour aller retrouver
Dabchelim, lorsque, après avoir fait quelques pas, ils
entendirent des rugissemens qui d'abord troublèrent Zulbar et le forcèrent de s'arrêter. Ne t'effraie
pas, lui dit la fourmi ; c'est notre ami Darud qui fait
quelque justice. Bientôt ils arrivèrent à la touffe de
thym où les deux amis demeuraient, et le premier
objet qu'aperçut Zulbar fut une femme évanouie,
aux pieds de laquelle un énorme lion tenait dans ses
griffes sanglantes le corps d'un homme déchiré.
Zulbar recule en jetant un cri : mais presque aussitôt il se précipite, et, sa joie dissipant sa frayeur,
il court embrasser Balkis. C'était elle, c'était sa sœur,
qui, conduite sur la frontière de Tipra, avait été
suivie par l'ingrat fakir que Zulbar fit venir à la
cour, et qui depuis long-temps brûlait pour elle.
Seule, sans secours, au milieu des bois, rejointe par
cet infame, elle allait devenir la victime de sa brutalité, lorsque le lion Darud, accourant tout à coup
à ses cris, avait partagé le fakir en deux morceaux,
et, se couchant aux pieds de Balkis, attendait avec
inquiétude qu'elle eût repris l'usage de ses sens.

Les soins, les efforts, la voix de Zulbar la rendi-

5

rent bientôt à la vie. Elle ouvrit les yeux, reconnut
son frère ; et, se jetant dans ses bras, elle le serra
long-temps sur son cœur. De là, retournant au lion
qui les regardait d'un œil attendri, tous deux, se
pressant autour de son cou, baignèrent sa longue
crinière des pleurs de la reconnaissance, tandis que
les deux fourmis, émues de ce doux spectacle, par-
tageaient leurs sentimens et jouissaient de leur bonheur.

Dabchelim et le vieux Darud apprirent de la première fourmi les aventures de Zulbar, et lui promi-
rent, ainsi que le prince de Baghnagour, une éternelle amitié. Le frère et la sœur furent conduits par
eux dans la cabane qu'ils devaient habiter. Darud
s'établit à la porte ; Dabchelim et son ami se fixèrent
dans le jardin. Zulbar et sa chère Balkis, entourés
d'êtres raisonnables, convinrent que, pour être heureux, il ne faut que des amis bien sûrs et un asile
bien caché.

CAMIRÉ.

NOUVELLE AMÉRICAINE.

Je reprochais un jour à un Espagnol, nouvelle-
ment arrivé de Buenos-Ayres, les affreuses cruautés
exercées par ses compatriotes dans leurs premières
conquêtes en Amérique; je rappelais en frémissant
les crimes dont fut tachée la gloire des Cortez, des
Pizarre, de plusieurs autres héros, qui d'ailleurs ont
surpassé peut-être, par leurs talens, par leur courage, tout ce qu'on admire dans l'antiquité : je m'af-
fligeais qu'une époque aussi belle, aussi glorieuse
de l'histoire d'Espagne, fût écrite dans ses annales
sur des pages teintes de sang.

Mon Espagnol m'écoutait avec une patiente politesse. Quelques larmes vinrent dans ses yeux lorsque je prononçai le nom de Las Casas. C'est notre
Fénélon, me dit-il : il n'a pas fait Télémaque, mais
il a parcouru les deux Amériques pour sauver quelques Indiens; il a traversé les mers pour venir défendre leur cause au conseil de Charles-Quint,
comme votre archevêque de Cambray défendit celle

des protestans , que vous massacriez aussi dans vos
montagnes des Cévennes. Vous étiez encore des
persécuteurs à la fin du règne de Louis XIV. Et
qu'étions-nous ? qu'était l'Europe dans ce seizième
siècle, mémorable à jamais par nos grandes découvertes, par les beaux-arts de l'Italie, par les nouvelles sectes de l'Allemagne, par les crimes de tous les
pays ? Les Portugais, nos voisins, égorgeaient les
peuples vaincus sur la côte du Malabar, sur les rives
de Ceilan, dans la presqu'île de Malaca. Les Hollan-
dais qui les ont chassés n'ont pas été moins cruels.
En Suède, le Néron du nord et l'archevêque d'Up-
sal (1) assassinèrent les sénateurs et les citoyens de
Stockholm. A Londres, les bûchers étaient allumés
pour les luthériens, pour les catholiques, et l'on dres-
sait déjà l'échafaud où devait se verser le sang de
quatre reines d'Angleterre (2). A Paris... Vous vous
souvenez sans doute du nom des Guises, et de l'horrible nuit du 24 août 1572 ? Je n'en dirai pas plus.
Ne nous reprochons rien : nous fûmes tous deux
barbares. Laissons à l'histoire le triste emploi de
conserver la mémoire des crimes de nos aïeux : ne
nous rappelons, s'il se peut, que leurs bonnes actions ; et parlons-en souvent pour les imiter. Vous

(1) Christiern II et Troll.
(2) Anne de Boulen, Catherine Howard, Jeanne Gray,
Marie Stuart.

venez de me répéter les affreux détails de la con-
quête du Pérou; je ne les savais que trop bien : per-
mettez-moi de vous raconter à mon tour comment
nous avons acquis le Paraguai. Ce récit sera moins
pénible; et peut-être vous apprendra-t-il quelques
circonstances particulières que les historiens n'ont
pas rapportées.

Ne sachant trop que répondre à ce discours, je
pris le parti d'écouter. L'Espagnol continua dans
ces termes :

Vous connaissez, par les voyageurs, cette vaste
et belle contrée situ'ée entre le Chili, le Pérou et le
Brésil. Les mines d'or et d'argent qu'elle renferme
sont les moindres de ses trésors. Le plus doux des
climats, la plus fertile des terres, de superbes fleu-
ves, d'immenses forêts, les productions de l'Europe
réunies à celles de l'Amérique, l'abondance de tous
les fruits, de tous les animaux utiles, font jouir presque sans culture l'habitant du Paraguai des bienfaits que la nature a partagés au reste du monde.
Sébastien Cabot y pénétra le premier, en l'an 1526,
en remontant la rivière qu'il appelle *Rio de la Plata*.
Les lingots d'argent que vinrent offrir aux Espagnols les naturels du pays attirèrent bientôt d'autres
navigateurs. On bâtit Buenos-Ayres : on construisit
quelques forts dans l'intérieur du pays, et l'on s'é-

tablit enfin à l'Assomption, sur le fleuve du Paraguai.

Les indigènes, à la vue de nos soldats, avaient
abandonné la contrée. Les Guaranis surtout, peuple
nombreux et puissant, s'étaient retirés dans des
montagnes inaccessibles, dont les chemins nous
étaient absolument inconnus. Plusieurs détache-
mens avaient tenté d'y pénétrer ; mais nos guerriers
périrent de faim, ou par les flèches des sauvages.
Toute communication était fermée entre les Espagnols et les Guaranis. Les terres demeuraient in-
cultes ; et la colonie, réduite à tirer ses secours de
l'Europe, ne pouvait pas prospérer.

Elle était dans ce triste état au commencement du
dix-septième siècle, lorsque don Fernand Pedreras
y fut envoyé comme gouverneur. Son caractère
n'était pas propre à rappeler les Guaranis. Pedreras,
fier et despote, voulait que tout pliât sous ses lois.
Jaloux de son autorité, pressé surtout du désir
d'augmenter sa fortune, l'avarice et l'orgueil rem-
plissaient son cœur. Il fut bientôt haï des colons : et
le peu d'Indiens qu'on voyait encore apporter des
vivres, ne tardèrent pas à disparaître pour aller rejoindre les Guaranis.

Parmi les derniers missionnaires arrivés à Buenos-
Ayres se trouvait un vieux jésuite, nommé le père
Maldonado. Jamais il ne fut un plus digne prêtre ;

jamais la parole d'un Dieu de bonté ne fut annoncée
par une bouche plus pure. Ce n'était ni l'ambition
ni les remords qui l'avaient conduit dans le cloître.
Maldonado, pieux dès l'enfance, né avec une ame
douce, qui n'était ardente que pour le bien, qui
n'avait besoin que de la paix et de la vertu, s'était
fait jésuite à dix-huit ans pour jouir de l'une et pour
conserver l'autre. Depuis ce moment, sa vie entière
s'était écoulée à soulager l'humanité, à chercher les
malheureux, comme un cœur aimant cherche des
amis. Riche d'un patrimoine considérable, dont sa
famille lui laissa la disposition, il l'avait dissipé peu
à peu en le partageant aux infortunés; il avait vieilli
en donnant; et, lorsqu'à sa soixantième année, il
s'aperçut qu'il n'avait plus rien, il demanda d'être
envoyé en Amérique : Je ne peux plus donner, disait-il, quittons un pays où je vois des pauvres ; au
Pérou tout le monde a de l'or, et l'évangile manque
aux Indiens; je vais leur porter l'évangile, et c'est
encore un beau trésor que je vais répandre.

En arrivant à l'Assomption, le père Maldonado
fut surpris de ne trouver, au lieu des Indiens qu'il
venait convertir, que des chrétiens qu'il fallait consoler. Son zèle n'en fut que plus vif. Il s'empressa de
visiter les colons; il sut gagner leur confiance,
écouta leurs plaintes, soulagea leurs peines, et devint leur avocat auprès de l'inflexible gouverneur.

Le bon jésuite était béni de tous, respecté même de
Pedreras, qui, depuis son arrivée, commençait à se
montrer plus doux : car c'est le propre de la vertu,
et peut-être sa récompense, de rendre meilleur tout
ce qui l'approche.

Un jour que Maldonado se promenait seul, assez
loin de la ville, en suivant les bords du fleuve, il entendit des cris, des sanglots, et distingua sur le ri-
vage un enfant nu qui s'agitait auprès d'un homme
couché sur la terre. Maldonado court à cet enfant :
il est âgé de douze ou treize ans ; son visage était baigné de larmes : il embrassait en gémissant, il soule-
vait de ses faibles mains, il cherchait à réchauffer par
ses baisers le corps immobile d'un homme de trente
à quarante ans, nu comme l'enfant, souillé de li-
mon, les cheveux mouillés, en désordre, portant sur
son visage pâle les marques d'une longue fatigue et
d'une pénible mort.

Dès que l'enfant aperçut le jésuite, il vint droit à
lui, se mit à genoux, embrassa ceux de Maldonado,
et, les serrant avec force, le regardant avec des yeux
où se peignaient la pitié, l'amour et le désespoir, il
lui dit quelques paroles entrecoupées, que le jésuite
ne comprit point, parce qu'il ignorait sa langue,
mais qui n'attendrirent pas moins le bon père. Il
relève aussitôt l'enfant, se laisse entraîner par lui
vers ce cadavre, qu'il examine, qu'il touche, et qu'il

trouve déjà glacé. Le malheureux enfant contem-.
plait le jésuite, était attentif à ses mouvemens, continuait à lui parler dans sa langue : mais jugeant par
les tristes regards, par les signes de Maldonado, que
toute espérance était perdue, il se jette sur le corps
mort, le baise mille fois, s'arrache les cheveux, et
se relevant tout à coup, il prend sa course pour aller
se précipiter dans le fleuve.

Malgré son âge, Maldonado, plus prompt et plus
fort que l'enfant, l'arrête, le retient dans ses bras.
Il oublie que le jeune sauvage ne peut l'entendre,
et cherche à le calmer par de consolantes paroles.
Comme il pleurait en parlant, l'enfant le comprenait
bien; il lui rendait ses caresses, il lui montrait toujours ce cadavre, en prononçant le nom d'Alcaïpa; il
lui montrait le fleuve en prononçant le nom de Guacolde; il mettait la main sur son cœur, en s'inclinant sur Alcaïpa; puis il tendait les bras vers la rivière, en répétant plusieurs fois Guacolde. Maldonado, qui s'efforçait de le pénétrer, entendit bien
que le sauvage mort était son père, et qu'il s'appelait
Alcaïpa; mais il ne pouvait comprendre pourquoi
l'enfant tendait toujours les bras vers le fleuve en
appelant Guacolde.

Après plusieurs heures d'inutiles efforts pour engager l'enfant à le suivre à la ville, Maldonado, qui

ne voulait pas le quitter, vit heureusement passer
un soldat, et le chargea d'aller à l'Assomption chercher du secours. Le soldat ramène bientôt le chirurgien de l'hôpital, qui, examinant de nouveau le cadavre, confirma au jésuite qu'il était mort. A la
prière de Maldonado, le chirurgien et le soldat creu-
sèrent une fosse dans le sable, où ils déposèrent le
corps, tandis que le bon père tenait l'enfant qui redoublait ses pleurs et ses cris.

. Maldonado parvint enfin à conduire chez lui le
jeune sauvage. Il lui prodigua les plus douces caresses, lui présenta des alimens, lui fit prendre avec
peine un peu de nourriture. L'enfant paraissait
sensible à la bonté de Maldonado; il se levait souvent pour venir lui baiser les mains, le regardait avec
douleur, et recommençait à pleurer. Il passa la nuit
sans dormir. Dès que l'aurore parut, il fit entendre
par ses signes qu'il désirait de s'en aller. Maldonado
sortit avec lui. L'enfant tourna ses pas vers l'endroit
où l'on avait enterré son père. En arrivant, il se mit
à genoux sur la fosse, la baisa plusieurs fois, y resta
long-temps prosterné. Ensuite il alla se mettre à
genoux au bord du fleuve, y fit les mêmes cérémo-
nies, et revenant auprès du jésuite, il leva les yeux
au ciel, prononça tristement les noms d'Alcaïpa et
de Guacolde, fit signe de la tête qu'ils n'existaient
plus, et se jeta dans les bras de Maldonado, comme

pour lui faire comprendre qu'ayant tout perdu sur la terre, c'était à lui qu'il se donnait.

L'enfant sauvage fut bientôt attaché par les soins compatissans du bon père : aussi doux que reconnaissant, il aimait à lui obéir; il cherchait à deviner tout ce qui pouvait lui plaire, et le faisait aussitôt. Il consentit à porter des vêtemens; il s'accoutuma, sans beaucoup de peine, à des usages qu'il ne comprenait point, et qui souvent lui répugnaient. Mais un signe de son bienfaiteur lui rendait tout facile. Né avec un esprit vif, avec une admirable mémoire, il apprit en peu de temps assez d'espagnol pour entendre le jésuite et pour en être entendu. Le premier mot qu'il retint, et qui le frappa le plus quand il en connut la signification, fut celui de *mon père*, que tout le monde disait en parlant à Maldonado : O mon père, lui dit-il, je n'espérais plus prononcer ce nom; mais je te dois ce bonheur; et je vois bien que tu es le meilleur des hommes, puisque tous les hommes t'appellent leur père.

Ce fut alors que, pouvant répondre aux questions du bon jésuite, il l'instruisit de sa naissance et de son malheur; ce fut sur la tombe même de celui qu'il pleurait toujours, que le jeune sauvage lui fit ce récit :

Je m'appelle Camiré, dit-il; je suis de la nation

des Guaranis, que tes frères les Espagnols ont
chassés de ces belles plaines, et qui habitent à présent les bois, derrière ces montagnes bleues. J'étais
l'unique enfant d'Alcaïpa et de Guacolde. Ils s'étaient
aimés toute leur vie; depuis ma naissance, ils ne
vivaient que pour m'aimer. Quand mon père me
menait à la chasse, ma mère venait avec nous;
quand ma mère me retenait, mon père n'allait
point à la chasse. Je passais les jours auprès d'eux,
je passais les nuits dans leurs bras. Si j'étais content, ils étaient heureux, et notre cabane retentis-
sait de leurs chants; si je souffrais, ils sentaient
mon mal, et tous les deux jetaient des cris; si je
dormais, ils me regardaient, et mon sommeil les
reposait.

Une nation de Brasiliens, que tes frères ont ap-
paremment chassée, est venue nous attaquer dans
nos forêts. Nous avons donné la bataille; les Brasiliens l'ont gagnée. Mon père et ma mère, obligés de
fuir, ont fait à la hâte un canot d'écorce, dans
lequel nous avons placé tout ce que nous possé-
dions: deux hamacs, un filet, deux arcs; et nous nous
sommes embarqués sur le grand fleuve, sans savoir
où nous arrêter, car les Brasiliens étaient derrière
nous, et nous tremblions d'avancer vers tes frères.

Le fleuve était débordé, il roulait avec lui de
grands arbres. Notre canot se renversa. Mon père,

me soutenant d'une main ; se mit à nager de l'autre.
Ma mère, malade depuis long-temps, avait de la
peine à nager, et cependant me soutenait aussi. La
fatigue épuisa bientôt les forces de ma mère et les
miennes. Alcaïpa, qui s'en aperçut, nous plaça tous
deux sur son dos, et nagea pendant plusieurs heures
sans pouvoir jamais aborder, à cause des rocs qui
bordaient la rive. La rapidité du courant l'empor-
tait, il se sentait affaiblir, et ne nous le disait pas :
nous étions nous-mêmes incapables de nous soutenir sur les eaux. Enfin, parvenu dans cette plaine
où le fleuve élargi forme une mer, mon père s'écria :
Nous allons périr, ma chère Guacolde ; je ne puis
gagner le bord avec mon double fardeau. S'il te
restait assez de force pour me suivre quelques momens, peut-être.... il n'achève pas ; ma mère le
quitte, s'enfonce, et disparaît en criant : Sauve
notre fils ! je meurs trop heureuse.

Je voulus me jeter après ma mère ; mais Alcaïpa
d'une main me retenait les deux bras. Il fait un effort, traverse l'immense largeur du fleuve, arrive à
terre, me pose sur le sable, m'embrasse, et tombe
mort à mes pieds.

Tu arrivas bientôt après ; tu sais le reste, mon
père.

Le jésuite l'écoutait en sanglotant ; il n'essaya

6.

point de consoler le jeune sauvage ; il ne l'engagea point à modérer sa douleur, à tarir des larmes si justes, mais il y mêla les siennes ; et Camiré, touché de ses pleurs, cessa d'en répandre pour les essuyer.

La bonté paternelle de Maldonado gagna de plus en plus le cœur du sensible Camiré. Il s'instruisit à son école ; il apprit à lire, à écrire, avec une étonnante facilité. Le pieux missionnaire lui parla de la religion ; il la lui peignit comme il la sentait. Son éloquence, qu'il puisait dans son ame, toucha bientôt l'ame de son élève. Il crut aisément ce que disait le bon père, parce qu'il le voyait pratiquer ce qu'il disait : il le suivait à l'hôpital, chez les pauvres, chez les malheureux, lorsque, assis auprès d'un malade, Maldonado calmait ses douleurs par ses consolans discours ; lorsqu'il partageait avec les indigens jusqu'à son frugal repas, jusqu'aux vêtemens qu'il portait ; et quand le jeune sauvage admirait tant de charité : Mon fils, lui disait le jésuite, je n'en fais pas encore assez : mon Dieu est le Dieu des pauvres, des orphelins, des affligés ; voilà ses enfans de prédilection ; voilà ceux qu'il faut secourir, si nous voulons plaire à leur père.

Epris de ce divin précepte, brûlant d'imiter de si doux exemples, Camiré demanda le baptême. Cette demande remplit de joie le bon missionnaire : il courut en instruire le gouverneur. Cette cérémonie

fut une fête. Pedreras voulut tenir sur les fonts
l'Américain converti ; tous les Espagnols s'empressèrent de le combler de présens ; et le jésuite ne
s'occupa plus que d'assurer une fortune indépen-
dante à son nouveau prosélyte.

. Le crédit, la considération dont Maldonado
jouissait dans la colonie et même en Espagne, lui
donnaient des moyens faciles de procurer à Camiré
les places qu'il eût désirées. Camiré venait d'avoir
seize ans ; son éducation était achevée ; et l'élève de
Maldonado , plus instruit que la plupart des colons ,
savait le latin, les mathématiques, avait lu les historiens, les poètes, les bons ouvrages espagnols. Son
esprit juste et pénétrant avait profité de ces lectures :
il aimait les livres, il les jugeait bien ; et souvent il
en recueillait plus de véritable philosophie que l'auteur lui-même n'en avait mis. Maldonado, qu'il
étonnait par son bon sens, lui parla sérieusement
de la nécessité de prendre un état pour parvenir à
faire sa fortune : il lui proposa l'étude des lois, le
service, ou le commerce, en s'en rapportant à son
choix avec son indulgence accoutumée. Camiré lui
répondit :

La seule erreur que je trouve en toi, mon père,
c'est de croire que cette fortune dont tu me parles
si souvent soit nécessaire à mon bonheur. Je conçois
bien, d'après ce que j'ai lu, d'après ce que tu m'as

dit de ton Europe, où tout ce que la nature donne.
n'appartient qu'à une petite partie de ses habitans,
où les pauvres sont condamnés à servir les riches
pour avoir le droit de respirer l'air et de se nourrir
des fruits de la terre : je conçois, dis-je, que dans ce
pays on emploie tous les moyens justes ou injustes
pour sortir de la grande classe de ceux qui n'ont
rien, afin d'être du petit nombre de ceux qui ont
tout. Mais regarde où nous sommes, mon père ; regarde ces vastes plaines où le maïs, le manioc, les
patates, les ananas, une foule de plantes salubres,
croissent à nos yeux presque sans culture ; regarde
ces forêts immenses, pleines de cocos, de limons,
de grenadilles, de cédrats, d'autres fruits délicieux,
que la nature produit avec moins de peine que vous
n'en avez à retenir leurs noms : tout cela m'appartient, je peux en jouir : et la population du Paraguai ne sera de long-temps assez grande pour que
les hommes, se partageant ces vastes contrées, as-
signent un maître à chaque terrain, et déshéritent
de la nature ceux qui viendront après eux.

Quant à ce métier, que tu appelles, je ne sais pas
pourquoi, *un état*, et que tu veux que je choisisse,
je t'avouerai franchement qu'aucun de ceux dont tu
m'as parlé ne me plait. Je n'aime point vos lois, que
je trouve insuffisantes, incertaines, souvent même
contradictoires. De tout ce que tu m'as fait lire, c'est

ce qui m'a le plus ennuyé ; et comme l'on apprend mal ce qui ennuie, je ne veux ni les apprendre, ni passer, ainsi que tant d'autres, pour les savoir. La guerre me fait horreur. J'admire et chéris l'homme courageux qui, si l'on vient attaquer sa femme, ses enfans, sa patrie, s'arme aussitôt, s'expose à la mort pour le salut de ses frères : cet homme-là n'est point un homme de guerre, comme on les appelle fort mal à propos dans ton pays : c'est un homme de paix et de justice, car il combat pour l'une et pour l'autre. Mais que moi, né Guarani, j'aille engager ma vie, vendre mon sang au roi d'Espagne pour ravager des terres ou tuer des hommes à sa volonté! non, mon père, la religion que tu m'enseignas me le défend, et je suis encore à comprendre comment tes Espagnols accordent ce métier avec leur devoir de chrétien.

Le commerce me plaisait d'abord ; je trouvais charitable et beau de traverser les mers, de consumer sa vie dans les travaux, dans les dangers, pour porter aux nations éloignées les secours dont elles ont besoin, pour partager à la grande famille des hommes tous les bienfaits du père commun. Mais j'ai découvert, en observant mieux, quel était le but de cette charité. J'ai vu que les plus honnêtes négocians ne se faisaient pas de scrupule de porter aux sauvages des armes meurtrières, de les enivrer de

liqueurs fortes pour conclure des marchés plus
avantageux. Enfin je les ai vus amener ici des Afri-
cains qu'ils exposaient sur la place comme des bêtes
de somme. Vendre des hommes, mon père! cela
s'appelle le commerce! Mon ami, je ne serai point
commerçant.

Laisse-moi donc rester ce que je suis. Tu as beau
sourire et me faire entendre avec ta douceur polie
que je ne suis rien; moi, je t'assure que je suis
quelque chose, et quelque chose d'assez bon, d'assez
heureux, grace à toi. Je jouis de la santé, du repos
de la conscience; je serais prêt, à tous les instans,
à paraître devant le Dieu de justice, et je n'aurai à
m'occuper que du chagrin de te quitter. Va, mon
père, c'est un bel état que l'innocence! permets que
je n'en aie pas d'autre. Je ne manque de rien près de
toi: si j'avais le malheur de te perdre, je retournerais
dans mes bois, où nos arbres suffiraient bien pour
soutenir mon existence, où ta mémoire suffirait
mieux pour entretenir ma vertu. Laisse-moi donc
jouir en paix du bonheur que tu me procures. Nous
avons lu beaucoup de gros livres sur ce que les
hommes ont nommé le bonheur; moi, j'en ferais un
petit traité qui se réduirait à deux lignes: Conserver
son ame pure, et savoir renoncer aux choses dont
on ne se soucie guère.

Maldonado ne trouvait rien à répondre à son

jeune philosophe. Il convenait que le disciple avait
surpassé le maître, et demandait, en riant, à Camiré
qu'il voulût bien l'instruire à son tour. Mais bientôt
cette sagesse devait être mise à l'épreuve.

Depuis quelques mois, un vaisseau de Cadix avait
amené d'Espagne une jeune nièce du gouverneur de
l'Assomption, que son père don Manuel, frère cadet
de Pedreras, avait laissée orpheline et sans fortune.
Les parens de don Manuel n'avaient rien trouvé de
mieux, pour se débarrasser d'une fille pauvre, que
de l'envoyer en Amérique à son oncle qui passait
pour riche. Pedreras reçut cette nièce avec plus de
surprise que de joie. Il fut tenté d'abord de la renvoyer en Espagne; les représentations de Maldonado
l'en empêchèrent. Il se contenta d'adresser de vifs
reproches à ceux qui lui donnaient de si grands embarras, et consentit, par un effort d'humanité, à
souffrir dans sa maison l'unique fille de son frère.

On juge bien que la jeune nièce ne vivait pas heureuse chez Pedreras; elle savait, elle voyait que sa
présence était un fardeau. Tremblant d'irriter son
oncle, certaine de lui déplaire, elle portait une attention continuelle à ses actions, à ses discours, et
croyait avoir beaucoup fait quand on ne la trouvait
qu'importune. Elle avait à peine seize ans, et s'appelait Angéline : elle était digne de ce nom par sa
beauté, par sa douceur, sa grace, son esprit aimable,

surtout par un cœur au-dessus de sa grace et de son
esprit. On ne pouvait la voir sans l'aimer; quand on
l'aimait, on pouvait le lui dire : la vanité n'appro-
chait point de celte ame pure; et le sentiment qu'elle
inspirait tenait tant d'elle, qu'il devenait une vertu
pour celui qui l'éprouvait.

Angéline cherchait souvent la solitude et la campagne. Profitant de la liberté dont on jouit dans les
colonies, elle sortait chaque soir, suivie d'un seul domestique, pour aller contempler la nature, respirer
le parfum des fleurs, écouter le chant des oiseaux,
admirer le soleil couchant. C'était ses uniques plaisirs; ils suffisaient à son ame douce, ingénue, tendre,
paisible, toujours prompte à sentir le bien, toujours
lente à désirer le mieux.

· Elle avait souvent remarqué, dans ses promenades champêtres, un jeune homme qui, aux mêmes
heures, ne manquait pas de se rendre au même endroit, se mettait à genoux, y restait long-temps, et
regagnait ensuite la ville. Angéline, peu curieuse,
évitait sa rencontre. Mais, un soir qu'elle rentrait
plus tard que de coutume, et qu'elle passait près de
cet endroit, un monstrueux serpent de l'espèce appelée *chasseurs*, si commune au Paraguai, élève
tout à coup sa tête au-dessus des plus grandes her-
bes, et s'élance vers Angéline en poussant d'affreux
sifflemens. Angéline jette des cris; son domestique

Nouvelles P. 305.

effrayé prend la fuite; la jeune Espagnole fuyait
elle-même : mais le serpent la poursuit, gagne du
terrain, va l'atteindre, lorsque Camiré se présente
portant à la main un de ces lacets dont les Péruviens se servent avec tant d'adresse (1). Il jette le
nœud coulant à la tête du reptile; et, fuyant d'une
vitesse extrême, il traine après lui le monstre
étranglé.

Angéline était évanouie. Camiré la secourt, rappelle ses sens, soutient sa marche défaillante jusqu'à la maison de son oncle, reçoit en rougissant
ses actions de graces, et la quitte avec un trouble
qu'il n'avait pas encore connu.

Camiré courut auprès de Maldonado lui raconter
ce qui s'était passé. La joie qu'en ressentit le bon
père, l'intérêt qu'il prenait au sort d'Angéline, tout
ce qu'il dit de ses vertus, de ses qualités aimables,
augmentèrent le trouble que sentait Camiré. Il
écoutait, distrait et rêveur; il ne dormit pas de la
nuit. Le lendemain, il fut le premier à demander au
jésuite avec une espèce d'embarras, s'il ne serait pas
convenable d'aller tous deux chez le gouverneur
savoir des nouvelles de sa nièce. Maldonado s'y dis-

---

(1) Les Péruviens nommés Guazes étranglent, avec ces lacs
de cuir, des tigres et des taureaux. (*Histoire des Voyages*,
tome XII.

posait; ils s'y rendirent aussitôt. Pedreras les reçut avec une politesse reconnaissante, les rassura sur la santé d'Angéline, et les retint toute la journée. Là, le jeune Guarani revit la belle Espagnole, eut la liberté de l'entretenir, et respira par tous les sens le brûlant amour qui le consumait.

L'histoire d'Alcaïpa, les éloges que le bon jésuite se plaisait à donner à son fils, furent le sujet de la conversation. Angéline attentive baissait la vue, une couleur plus vive brillait sur ses joues, un mouvement secret faisait battre son cœur. Elle comprit, par le récit de Maldonado, pourquoi Camiré venait si souvent se mettre à genoux près du fleuve. Cette piété, cet amour filial doublèrent sa reconnaissance pour son aimable libérateur. Elle était bien aise que ce fût lui qui l'eût délivrée d'un si grand danger; elle se trouvait heureuse d'être obligée d'aimer ce jeune homme; mais elle était embarrassée d'oser lever les yeux sur lui.

Peu de temps, peu de visites suffirent aux jeunes amans pour se faire entendre tout ce qu'ils sentaient, pour s'assurer, sans se le dire, que leur amour était partagé. Angéline garda le secret que ses yeux avait trahi; mais le sincère Guarani confia tout au jésuite. Il lui peignit en traits de feu la passion qui remplissait son ame, lui répéta mille fois que la mort seule pouvait l'éteindre, qu'il était prêt à tout entreprendre pour mériter la main d'Angéline, et finit par lui demander ses secours pour parvenir à ce bonheur.

Maldonado l'écoutait tristement. O mon fils, lui dit-il, que tu m'affliges, et que tu te prépares de maux! Toi, qui connais nos mœurs, nos usages, notre respect pour la naissance, notre passion pour les richesses, peux-tu penser que le gouverneur du Paraguai consente à donner sa nièce à un étranger, à un inconnu qui ne possède rien au monde, et dont le projet est d'aller vivre, après ma mort, parmi les sauvages ses frères? Ce mépris des vaines idoles que les hommes corrompus se sont faites, je ne l'ai pas combattu, mon fils, je l'ai respecté dans ton cœur : mais lorsqu'on prétend, mon cher Camiré, s'élever ainsi au-dessus des erreurs de l'humanité, il faut d'abord renoncer à l'amour; car lui seul nous met dans la dépendance de tous les préjugés des hommes, de tous les caprices de la fortune. Tu me fais pitié, mon enfant; les conseils, les remèdes ne peuvent plus t'être utiles : c'est de l'espérance qu'il te faudrait, et ma tendresse chercherait en vain à s'abuser elle-même pour t'abuser quelques instans. Je ne verrais qu'un seul moyen de réussir : l'avarice du gouverneur lui ferait oublier ta naissance, si nous pouvions lui donner beaucoup d'or : mais ni toi ni moi n'en avons, et...

De l'or ? reprit vivement Camiré, en se jetant au cou du vieillard : réjouissons-nous, mon père ; il ne tient qu'à moi de m'en procurer. Les montagnes où j'habitais en sont remplies ; je sais les chemins qui m'y conduiront. J'irai te chercher autant d'or que tu voudras ; tu l'offriras au gouverneur : il me donnera, pour un prix aussi vil, l'être le plus beau, le plus vertueux, le plus aimable de l'univers ; et le funeste amour de ce métal, qui a produit tant de crimes dans le Nouveau-Monde, y fera au moins deux heureux.

Le bon jésuite, à qui ce seul mot d'*heureux* faisait toujours palpiter le cœur, partagea la joie de son fils. Dès le lendemain il se rendit chez Pedreras : mais, connaissant le caractère de celui qu'il voulait gagner, il se crut permis d'employer un peu d'adresse. Il commença par lui parler de la difficulté d'établir Angéline d'une manière convenable à sa naissance ; il fit entendre doucement qu'en sacrifiant ce dernier article, elle trouverait des époux qui s'estimeraient heureux de mettre à ses pieds une grande fortune, de payer même à son oncle l'honneur de son alliance ; et, voyant que cette ouverture ne déplaisait point à Pedreras, il finit par proposer son élève avec cent mille ducats.

Pedreras n'était pas facile à séduire ; une longue expérience des affaires l'avait rendu soupçonneux et fin. En écoutant Maldonado, il réfléchit que Camiré était du pays des Guaranis, où l'on disait que les mines d'or étaient communes ; il calcula que ses richesses ne pouvaient venir que de là ; et sans se montrer éloigné de donner sa nièce à ce nouveau chrétien : Mon père, répondit-il, les intérêts de l'Espagne m'occupent seuls. Je ne désire pas d'augmenter ma fortune, et je désire vivement d'être utile à ma patrie. Votre élève peut me servir dans ce dessein : qu'il me découvre une mine d'or, et je lui donne ma nièce.

Ce discours rendit rêveur Maldonado ; cependant il fit répéter à Pedreras la promesse qu'il venait de faire ; et, certain qu'il ne manquerait pas à sa parole, il revint porter sa réponse au jeune Guarani.

Quand celui-ci l'eut entendue, sa tête tomba sur sa poitrine, des larmes coulèrent de ses yeux : Ah! mon père, s'écria-t-il, je ne puis posséder Angéline. Pour découvrir au gouverneur la mine d'or qu'il me demande, il faut que je lui montre des chemins que les Espagnols ignorent ; et cette seule ignorance fait la sûreté de mes frères. Je serais donc le transfuge, le traître qui conduirait au milieu de ma nation ses ennemis et ses bourreaux ! Non, mon père, tu me haïrais, tu mépriserais ton fils. Et comment pourrais-je vivre quand tu ne m'estimerais plus ?

Maldonado l'embrassa, le pressa long-temps sur son sein, en approuvant sa noble résolution, eu le confirmant dans l'inébranlable principe de sacrifier toujours ses intérêts les plus chers, ses passions les plus ardentes, au plus douloureux des devoirs : Les passions finissent, lui dit-il, les intérêts changent, mon fils, et la vertu ne change jamais. Dans tous les temps, dans tous les lieux, elle prend soin de dédommager celui qui souffre pour elle ; elle le console, elle le ranime, le fait jouir de souvenirs doux, l'environne d'un saint respect, l'accompagne par-delà la mort, et va se placer sur sa tombe, où le nom qu'elle fit respecter, béni par tous les cœurs sensibles, fait encore verser des pleurs de tendresse, de regret et d'admiration.

Le malheureux Camiré soupirait en écoutant le jésuite. Irrévocablement décidé à ne point trahir ses compatriotes pour obtenir sa maîtresse, il se promit, il espéra qu'il guérirait de sa passion. Dès ce moment, il évita la rencontre d'Angéline avec autant de soin qu'il l'avait cherchée ; il ne sortit plus de chez lui, se livra tout entier à l'étude, et pensa qu'en occupant son esprit il parviendrait à distraire son cœur. Angéline ne pouvait comprendre d'où venait ce grand changement. Elle en fut d'abord

alarmée; elle attendit impatiemment l'occasion de
s'expliquer avec Camiré : mais ne le voyant plus
venir chez son oncle, ne le rencontrant plus dans les
champs, pas même au tombeau d'Alcaïpa, le dépit
et la colère succédèrent à la douleur. Elle pensa
qu'on ne l'aimait plus; elle résolut de ne plus aimer;
et, le hasard l'ayant placée près de Camiré, un jour
de fête, à l'église, elle affecta, pendant la cérémonie,
de ne pas tourner les yeux sur l'infortuné Guarani,
de ne pas s'apercevoir qu'il fût près d'elle, et de
sortir sans le saluer. C'était un pénible effort pour
la douce et tendre Angéline : mais elle crut, après
cette victoire sur elle-même, que rien ne lui serait
impossible, et se flatta d'oublier bientôt celui qui
l'occupait sans cesse.

Camiré fut au désespoir. Il s'était senti le courage
de renoncer à son amante, de se priver de sa vue :
mais il n'avait pas celui de supporter son dédain.
Son ame en fut accablée. Ne pouvant plus soutenir
le tourment qu'il éprouvait, il va trouver Maldonado. Mon père, lui dit-il, écoute et pardonne : je
ne puis vaincre mon amour. J'ai employé contre
mon cœur tout ce que la vertu, la raison, peuvent
me donner de forces; Angéline l'emporte sur tout.
Je te quitte, mon père; je pars...... Au nom du ciel,
cache-moi tes pleurs, je resterai si tu pleures; et
j'expirerai devant toi. Laisse-moi retourner dans

mes bois: je reviendrai, je l'espère ; j'ignore dans
quel temps, mais je reviendrai. Si le projet que je
médite est possible à l'humanité, je l'accomplirai,
j'en suis sûr ; et tu me reverras le plus heureux et
le plus innocent des hommes. Adieu, mon père, mon
ami, mon bienfaiteur ; essuie tes larmes : ce n'est pas
ton fils qui te quitte, c'est un malheureux, c'est un
insensé, en proie à un funeste amour qui le gouverne
à son gré, qui l'emporte loin de son père, qui remplit; consume son cœur, et ne peut pourtant altérer la tendresse, la reconnaissance que ce cœur te
conserve toujours, quoiqu'il ne soit plus à moi.

En disant ces mots, il s'enfuit sans écouter Maldonado qui le rappelle, lui crie en vain de revenir
dans ses bras. Bientôt il l'a perdu de vue : le bon
père, privé de son fils, croit être seul dans l'univers.

Angéline était plus à plaindre encore. Tourmentée
d'une passion dont elle ne pouvait triompher, elle
avait éprouvé les mêmes peines que Camiré, et
n'avait pas eu la consolation de les confier à personne. Dès qu'elle fut instruite de son départ, elle
se reprocha d'en être la cause; elle donna des larmes amères au souvenir de ce jour où elle avait
feint de ne plus l'aimer. Elle espéra pendant quelque
temps qu'il reviendrait auprès du jésuite : mais,
voyant six mois écoulés sans que Camiré parût, la

malheureuse Angéline vint demander à son oncle
de prendre le voile dans un des couvens déjà fondés
à l'Assomption. Pedreras approuva ce dessein : il la
conduisit, le jour même, à la supérieure des Cla-
ristes, qui lui donna l'habit de novice, et convint
avec le gouverneur qu'on abrégerait de moitié le
temps du noviciat.

L'infortunée pressait elle-même ce moment; le
temps était si lent pour elle depuis qu'il s'écoulait
sans qu'elle vît Camiré! Il lui semblait qu'après
avoir prononcé ses vœux elle serait moins tourmentée, que l'amour sortirait d'un cœur dont Dieu aurait pris possession. Elle vit enfin arriver cette époque si désirée, et sentit un mouvement de joie.

La veille du jour fixé pour la profession d'Angéline, le bon père Maldonado, revenant de voir des
malades, se reposait sur un banc de pierre, à la
porte de sa maison. Il songeait à Camiré, lorsqu'il
voit de loin accourir quelqu'un, l'entend tout à
coup pousser un grand cri, et se sent presser entre
les bras d'un jeune homme : c'était lui, c'était son
fils. Le pauvre jésuite fut prêt à s'évanouir de joie.
Le Guarani le soutint; lui-même ne pouvait parler.
Tous deux rentrent dans la maison en se tenant
embrassés; et lorsque leurs cœurs trop émus purent
enfin respirer plus à l'aise : Mon père, lui dit Camiré, c'est moi, c'est bien moi; tu revois ton fils, et

tu le revois digne de ce nom. Je n'ai trahi ni l'amour
ni l'honneur; je suis, je pourrai demeurer fidèle à
mes frères et à mon amante. Je viens livrer au gouverneur la mine d'or qu'il m'a demandée; et ce
trésor est loin de la route qui pourrait le conduire
dans mon pays.

Maldonado, qui se fait répéter ces paroles, partage les transports de son fils : il ne veut point trou-
bler sa joie en l'instruisant que le lendemain Angéline doit faire ses vœux : mais il court à l'instant chez
Pedreras pour obtenir qu'on diffère, pour annoncer
le trésor immense que Camiré vient mettre en ses
mains, et demander l'exécution d'une promesse sa-
crée. Pedreras, surpris et charmé, renouvelle cette
promesse, écrit sur l'heure au couvent, ordonne
que tout soit suspendu; et, dès l'aurore naissante,
il part avec Maldonado, suivi d'une bonne escorte,
sous la conduite du jeune sauvage.

Ils marchèrent toute la journée, passèrent la nuit
sous des arbres, et le lendemain, reprirent leur
route dans les montagnes désertes qui se prolon-
geaient du côté du Chili. Le gouverneur lui témoignait sa surprise; il avait déjà fait visiter ce pays,
où l'on n'avait point trouvé de métaux : Camiré
s'avançait d'un air tranquille. Arrivé près d'une caverne formée par des rocs arides, Camiré s'arrête;
et, montrant l'entrée, il commande aux ouvriers

de fouiller.· On· obéit.. Pedreras,, avec les·yeux de
l'avarice,, suivait tous les mouvemens des mineurs;
le jésuite·, inquiet et pensif, faisait des vœux, qui,
pour la première fois , avaient pour objet des richesses; Camiré souriait et ne· disait rien.

A cinq ou six pieds de. profondeur , Pedreras vit
le premier briller du métal. Il jette un cri de joie ,
s'élance,, et des deux mains saisit une terre rou-
geâtre remplie de lentilles d'or vierge. Cette couche
était longue, épaisse, et plusieurs autres encore plus
riches se. trouvaient sous le sable qui la supportait.
Pedreras court à Camiré, le serre dans ses bras,
l'appelle son neveu,, lui jure une tendresse éternelle.
On poursuit le travail par ses ordres. Quatre mulets
sont déjà chargés. d'or , et la caverne n'est pas
épuisée. Le gouverneur y laisse une garde sous la
conduite de son lieutenant. Pressé, disait-il ,. de
tenir sa promesse, il retourne à l'Assomption avec
Maldonado et Camiré. Il les conduit dans son palais ; et, dès que l'avare Pedreras a mis en sûreté
ses trésors , il va lui-même au couvent de sa nièce
lui prescrire d'en sortir sur l'heure, et de se dis-
poser à devenir dès le lendemain l'épouse de Camiré.,

. Jugez de l'excès de surprise , surtout de l'excès
de bonheur qu'éprouva la tendre Angéline. Elle ne
pouvait croire ce qu'elle entendait ; elle n'était pas

sûre que ce ne fût point un songe : mais, accoutumée à la soumission, elle obéit sans répliquer.
Elle dépouille ses habits de bure pour reprendre
l'or et la soie ; son front modeste quitte le bandeau,
ses longs cheveux reparaissent et tombent par bou-
cles sur ses épaules. L'émotion que son ame éprouve
répand sur ses joues un vif incarnat ; ses yeux , qui
n'osent se lever, lancent mille feux à travers ses
longues et noires paupières. Mille fois plus belle
que le jour où Camiré lui sauva la vie, elle sort du
couvent pour l'aller trouver, et l'heureux Camiré
l'attendait au parloir, où Pedreras l'avait laissé seul.

Dès qu'il l'apperçoit, il tombe à genoux. Écoutez-
moi, lui dit-il, ô la plus belle, la plus aimable des
femmes ! Avant d'obéir à votre oncle, connaissez les
puissans motifs qui me forcèrent à vous fuir. Pedreras, pour m'accorder votre main, me demandait une mine d'or. Je n'en connais que dans mon
pays. En l'y conduisant, je livrais mes frères à la
cruauté de vos Espagnols. Je ne l'eusse jamais fait,
Angéline : c'est à vous-même que je le déclare; c'est
au moment où je vous vois resplendissante de tous
vos attraits que j'ose me répondre encore que j'eusse
sacrifié mon amour à mon devoir, à ma patrie.
Mais cet amour m'a mieux inspiré : j'ai quitté mon
vertueux père, je suis retourné chez les Guaranis.
J'ai facilement trouvé beaucoup d'or. Aidé par mes

compatriotes, j'ai employé une année entière à
porter moi-même cet or à une immense distance
du pays où je le prenais, à le cacher sous la terre,
à rassembler assez de richesses, non pas pour vous
mériter, mais du moins pour vous obtenir. J'ai fait
cent fois ce long voyage ; je l'aurais fait mille fois, si
le temps ne m'eût pas pressé. Votre image, qui m'accompagnait, me laissait toujours la crainte d'offrir
un trop faible don. Pedreras daigne se contenter de
ce trésor ; il ignore le prix de celui qu'il me donne :
mais c'est de vous, de vous seule qu'aujourd'hui je
veux le tenir.

Angéline, en l'écoutant, eut besoin de faire un
effort pour ne pas jeter ses bras autour du cou de
Camiré : elle lui tendit doucement la main, et des
pleurs d'amour furent sa réponse.

Le Guarani transporté la conduit aussitôt chez
Pedreras, où, le soir même, à minuit, Maldonado
leur donna la bénédiction nuptiale. Jamais bonheur
n'avait égalé le bonheur qui les enivrait, si ce n'est
peut-être celui qu'éprouvait le bon jésuite. Tous
trois pensaient que désormais rien ne pouvait trou-
bler une union si douce ; tous trois jouissaient à la
fois du présent et de l'avenir : mais ils n'étaient pas
à la fin de leurs peines.

Le gouverneur avait quitté les nouveaux époux
pour retourner à la caverne que ses ouvriers avaient

dépouillée. Tant de richesses auraient dû satisfaire
l'avarice de Pedreras, si l'avarice pouvait être satisfaite. Mais s'étant aperçu facilement que la terre
qu'on avait fouillée ne produisait point de métal, il
en conclut que le Guarani connaissait des mines
abondantes où sans doute il avait puisé cet or. Trop
riche cependant pour oser se plaindre, et craignant
assez le jésuite pour ne pas tenter d'indignes moyens
d'arracher le secret qu'on lui cachait, il prit une
voie détournée qui ne conduisait pas moins à son
but. Il assembla la colonie, rendit compte de nouveaux ordres qu'il avait, disait-il, reçus du roi pour
continuer les découvertes, pour soumettre les peuples voisins, surtout les Guaranis. Ensuite, se tournant vers Camiré, que ces paroles avaient fait pâlir :
Mon neveu, dit-il, c'est à vous que je remets les
intérêts de l'Espagne. Vous êtes mon fils adoptif,
je vous nomme mon *adélantade* (1), et je vous charge,
au nom du roi, de partir avec six cents soldats
pour découvrir et pour soumettre le pays des Guaranis.

Toute la colonie applaudit à ce choix. Camiré n'a
pas la force de répondre. Il est salué, reconnu adélantade ; et Pedreras renouvelle l'ordre qu'il ait à
partir avant peu de jours.

---

(1) La première dignité après celle de gouverneur.

Le malheureux Camiré courut, avec son épouse, demander conseil à Maldonado.

. Le bon jésuite réfléchit quelques instans en silence; puis, prenant les époux par la main : Mes enfans, leur dit-il, le péril est grand. Camiré ne peut ni ne doit obéir : s'il refuse, il devient suspect : en prenant sa défense, je le deviens moi-même, et le gouverneur est capable de tout. Vous n'avez qu'un parti à prendre, c'est de fuir cette nuit chez les Guaranis. Je vous suivrai, mes enfans; oui, je vous suivrai malgré mon grand âge : j'irai, la croix à la main, prêcher les frères de Camiré; j'irai les convertir à la foi, comme je l'ai converti. Vous serez toujours heureux; vous vous aimerez toujours dans l'innocence, dans la paix : moi je remplirai mon devoir, je servirai mon Dieu, je lui donnerai des hommes, je serai plus heureux que vous.

. Angéline et son époux tombèrent aux pieds du vieillard. Leur fuite fut préparée. Camiré se munit d'un canot où ils s'embarquèrent tous trois dès que les ombres eurent voilé la terre. Camiré prit les rames, et remonta le fleuve jusqu'à l'entrée des montagnes. Là, descendant au milieu des bois, il submergea son canot, suivit des sentiers déserts, et arriva en peu de jours au milieu des Guaranis. Il y fut reçu comme un frère. Il se hâta de leur raconter ce qu'il avait fait pour eux, et ce qu'il devait au

jésuite : tous les sauvages alors comblèrent Maldonado de caresses et de présens, tous voulurent travailler à la cabane du bon père, à celle d'Angéline
et de Camiré. Ces cabanes furent construites sur de
grands arbres, où l'on montait par une poutre taillée
que l'on retirait quand on était monté ; précaution
nécessaire contre les tigres et contre les inonda-
tions. Etablis en peu de temps dans leur nouvelle
demeure, sans crainte, sans inquiétude, délivrés
de tous les tourmens que les hommes ont pris tant
de peine à se donner, occupés seulement de s'aimer
et de vivre, les deux époux sentirent bien mieux
qu'ils ne l'avaient fait jusqu'alors, les charmes, les
délices de la réunion de ce qu'il y a de meilleur au
monde, l'amour, l'innocence et la liberté.

Maldonado, chéri d'un peuple doux, prêcha la
religion chrétienne, et convertit aisément des hommes simples qui adoraient ses vertus. Tous les
Guaranis se firent baptiser. Quelque temps après
ils demandèrent eux-mêmes au bon père de faire
venir d'autres jésuites, et se soumirent volontaire-
ment au roi d'Espagne, à condition qu'il n'enver-
rait chez eux que les collègues de Maldonado. Cette
proposition fut acceptée à Madrid. Les missionnaires
arrivèrent. Les Guaranis, sur la foi du traité, se
rapprochèrent de l'Assomption, se partagèrent en
plusieurs peuplades, dont chacune bâtit son vil-

lage, où un jésuite, devenu curé, les instruisit dans
l'agriculture, dans les autres arts nécessaires, et les
gouverna paternellement. Bientôt ces peuplades
augmentèrent. En 1734, elles composaient trente
mille familles. Chaque village avait son régisseur,
son alcade particulier, que les habitans nommaient
tous les ans. Le curé, choisi par le père provincial,
veillait à l'exécution des lois, qui n'étaient ni nom-
breuses ni sévères. Les plus grandes peines se rédui-
saient au jeûne ou à la prison; encore ces châtimens
étaient-ils rares chez un peuple innocent, paisible,
qui n'avait point d'idée du vol et du meurtre, et
qui conservait cette heureuse ignorance, graces aux
soins extrêmes que prenaient les jésuites de ne jamais laisser pénétrer aucun étranger dans le pays.
L'impôt modéré que l'on payait au roi d'Espagne
était acquitté par l'échange du sucre, du tabac, du
coton, produits par un terrain immense laissé en commune dans toutes les paroisses, où chaque habitant
venait travailler pendant deux jours de la semaine.
Le surplus de cette récolte était pour les orphelins,
pour les malades, pour les vieillards hors d'état de
travailler. Un arsenal particulier renfermait les
armes de la peuplade. Les jeunes gens venaient les
prendre les jours de fête, s'exerçaient à manier le
fusil, le sabre, l'épée, les remettaient ensuite dans
l'arsenal; et à la première attaque, soit des Portu-

gais, soit des Brésiliens, il sortait de chaque village
un bataillon d'excellens soldats (1). Partout étaient
établies des écoles pour apprendre à lire, à écrire,
des ateliers de serruriers, de charpentiers, de tisserands. Toutes les professions, tous les arts utiles
étaient montrés gratuitement ; et le curé, qui sur-
veillait ces travaux, avant d'y admettre les jeunes
élèves, prenait soin de consulter leur inclination.
Rien ne leur manquait enfin de ce que nous voyons
dans nos villes, que le luxe, le vice et la pauvreté.
On a pourtant dit du mal de cette république ecclésiastique, de ce gouvernement patriarcal : mais du
moins on ne peut nier que ce ne fût peut-être le seul
empire fondé par la persuasion, soutenu par la confiance et policé par la vertu.

(1) En 1705, lorsque les Espagnols reprirent sur les Portugais la colonie du Saint-Sacrement, les Guaranis, que les
jésuites amenèrent au secours des assiégeans, eurent toujours
la tête des attaques, et contribuèrent beaucoup au succès des
armes espagnoles par leur intrépidité. Lorsqu'ils retournèrent
dans leur pays, le gouverneur voulut leur donner cent quatre-
vingt mille piastres, qu'ils refusèrent généreusement. (*Histoire
du Paraguai,* par Charlevoix.)

Tous ces détails sur le gouvernement des jésuites au Paraguai sont vrais à la lettre, et tirés du *Voyage dans l'Amérique
méridionale,* par don George Juan et don Antonio de Ulloa,
ouvrage rempli d'érudition, d'esprit et de philosophie.

VALÉRIE.

NOUVELLE ITALIENNE.

On fait semblant dans le monde de ne plus croire aux revenans; et l'on oublie que les meilleurs écrivains de la Grèce et de Rome, les historiens les plus renommés pour leur véracité, pour leur philosophie, nous attestent leur existence. Plutarque rapporte comment Brutus, étant la nuit dans sa tente, peu de temps avant la bataille de Philippes, « aperçut une vision horrible, comme d'un homme de « grandeur extraordinaire et excessive, et hideux de « visage, de quoi il s'effroya du commencement : « mais, voyant que ce fantôme ne lui faisoit ni ne lui « disoit rien, ains se tenoit devant lui tout coi au- « près de son lit, il lui demanda à la fin qui il étoit. « Le fantôme lui répondit : Je suis ton mauvais « esprit, et tu me verras près de la ville de Philippes. « Brutus lui répliqua : Hé bien, je t'y verrai donc. « Et incontinent l'esprit disparut. Depuis, se trou- « vant en bataille près cette ville de Philippes, la « nuit de devant le combat, ce même fantôme s'ap-

« parut une autre fois à lui sans lui mot dire; par
« quoi Brutus entendit bien que son heure étoit ve-
« nue, etc. (1). » Pline le Jeune, dans ses Lettres, af-
firme, comme un fait certain, l'histoire du philosophe Athénodore, qui, ayant acheté dans la ville
d'Athènes une maison délabrée dont personne ne
voulait, parce qu'un spectre y revenait toutes les
nuits, attendit courageusement ce spectre, le vit en
effet arriver traînant des chaines de fer, et faisant
signe au philosophe de le suivre. Athénodore, qui
travaillait en ce moment, lui fit à son tour signe
de la main de vouloir bien attendre un peu. Le
spectre redoubla le bruit de ses chaines; et le philosophe, prenant sa lampe, se leva, suivit le fantôme,
qui le conduisit jusqu'à la cour de la maison, où
tout à coup il disparut. Athénodore marqua cet endroit pour le reconnaître. Le jour suivant il y mena
les magistrats, qui firent fouiller la terre, et trouvè-
rent des ossemens humains encore enlacés dans les
chaines. On les recueillit, on leur donna publiquement les honneurs de la sépulture : depuis ce moment, la maison fut tranquille (2).

Si l'on veut des exemples plus récens, on peut

(1) Hommes illustres de Plutarque, *Vie de Jules César*,
traduction d'Amyot.

(2) *Lettres de Pline*, tome II, lettre 27, à Sura.

consulter les mémoires du célèbre Agrippa d'Aubigné, grand-père de madame de Maintenon, si connu par son zèle pour le calvinisme, par son austère franchise, son inflexible probité. Il venait de perdre sa mère. « J'étais, dit-il, tout éveillé dans « mon lit, lorsque j'entendis entrer quelqu'un dans « ma chambre, et j'aperçus dans ma ruelle une « femme fort blanche, dont les vêtemens frottaient « contre mes rideaux. Elle ouvrit ces rideaux, se « baissa vers moi, me donna un baiser froid comme « la glace, et disparut aussitôt (1). »

Osera-t-on révoquer en doute ce que Plutarque, Pline, d'Aubigné, nous assurent? ou dira-t-on, pour ne pas les croire, que ces hommes avaient l'esprit plus faible que nous?

Sans poursuivre cette discussion, je vais rapporter un fait que je tiens de la personne même à qui le fait arriva. Cette personne vit encore; toute la ville de Florence en est témoin. Voici comment je fus instruit de cette étonnante histoire.

J'étais en semestre dans une petite ville du Languedoc, où je suis né, lorsque plusieurs amis m'invitèrent à venir passer les fêtes de Noël dans un vieux château bâti sur des rochers, au milieu des

(1) *Mémoires de Théodore Agrippa d'Aubigné*, page 5.

montagnes des Cévennes. La maîtresse de la maison avait rassemblé de jeunes femmes, des officiers, des voisins aimables. La bonhomie, la confiance, régnaient dans notre société. On avait du plaisir à se trouver ensemble; on ne cherchait point à briller exclusivement, à disputer ou à jouer toujours le premier rôle; chacun était content de tout le monde, et tout le monde était content de chacun. On riait toute la journée; le soir, assis en cercle autour d'un grand feu, nous faisions des contes, nous chantions des romances, et la soirée finissait gaiement. Nos jeunes Languedociennes, qui ne manquaient pas d'imagination, chose assez commune dans notre pays, se plaisaient beaucoup aux histoires des revenans. Chacun racontait la sienne; et la saison, le lieu, le moment, ajoutaient encore à l'effet que produisaient ces effrayans récits. Les nuits étaient longues, noires; la campagne couverte de neige; et des hibous, anciens habitans de la tour où était construit le salon, se répondaient sur les vieux créneaux par des cris lents et monotones. Ajoutez à tout cela que nous étions dans l'Avent, temps où tout le monde sait bien que les apparitions sont le plus fréquentes. Ainsi, dès que les histoires commençaient, le cercle se rétrécissait peu à peu : on se serrait en écoutant: on faisait quelquefois semblant de rire, mais, dans la vérité, l'on mourait de peur; et sou-

vent, celui qui racontait, saisi d'un tremblement su-
bit, sentait tout à coup sa voix s'altérer, se taisait,
restait immobile, et n'osait tourner les yeux ni vers
le fond de la grande salle, où l'on croyait entendre un
bruit de ferrailles, ni du côté de la cheminée, d'où
il semblait que quelque chose descendait.

Nous avions avec nous une jeune Italienne nom-
mée Valérie d'Orsini, que sa mauvaise santé avait
fait venir à Montpellier pour consulter nos méde-
cins. Elle s'était liée, dans cette ville, avec la maîtresse du château, qui l'avait invitée à venir à la campagne pendant l'absence du comte d'Orsini son époux,
qu'une affaire imprévue avait obligé de retourner à
Florence. Cette jeune étrangère était fort aimable.
Elle joignait à beaucoup d'esprit une douceur, une
égalité, que rien n'altérait jamais. Sa conversation
était vive, piquante, quoique sa figure, comme son
caractère, n'annonçât que de la bonté. Ses grands
yeux noirs étaient languissans, son regard inspirait
la tendresse, et sa beauté, sa grace touchante, semblaient acquérir un charme de plus de la pâleur
éternelle qui couvrait toujours son visage. Ses lèvres
mêmes n'étaient pas exemptes de cette pâleur : lorsque Valérie parlait, on croyait voir s'animer une
statue d'albâtre; lorsqu'elle ne parlait pas, elle n'at-
tirait pas moins les regards, et l'on trouvait alors
vraisemblable l'aventure de Pygmalion.

De toutes nos dames, c'était Valérie qui montrait le plus de courage pendant nos terribles récits. Elle n'en était point émue, elle écoutait en souriant; et, loin de douter d'aucun des faits que l'on rapportait, elle avait l'air seulement de les trouver extrêmement simples. L'histoire du conseiller de Toulouse à qui un homme assassiné et enterré depuis six mois apparut un soir pour lui révéler ses meurtriers; celle du malheureux époux de Lyon, qui, ayant tué sa femme dans un transport de jalousie, la voyait arriver, toutes les nuits, à onze heures, avec des pantoufles vertes, et se coucher auprès de lui; une foule d'autres anecdotes de ce genre, très-authentiques à la vérité, mais cependant un peu extraordinaires, ne paraissaient à Valérie que des événemens communs. Nous en étions presque piqués; et nous lui témoignâmes un jour combien nous étions étonnés de ne la voir jamais étonnée. Voici ce qu'elle nous répondit:

Mes amis, je trouve fort juste que la plus petite histoire de revenans vous surprenne, puisque la moitié de vous n'en a peut-être jamais vu... Vous en avez donc vu, madame? interrompis-je aussitôt. Elle se mit à rire de pitié. J'ai mieux fait, je l'ai été, je le suis encore, et c'est un revenant qui vous parle.

A ces mots toute l'assemblée s'éloigne d'elle en jetant des cris, chacun fuit précipitamment; et nous

nous pressions à la porte, lorsque Valérie, avec
cette voix douce et tendre, dont le charme était ir-
résistible, nous rappelle, nous fait asseoir; et tandis
que, nous tenant tous par la main, nous la regar-
dions avec effroi, et qu'à chaque instant en effet
nous découvrions sur son visage quelque signe nouveau, quelque indice, peu remarqué jusque alors,
qui tenait beaucoup de l'autre monde, Valérie reprit ainsi son discours :

Ce n'est pas ma faute, mes amis, si je suis morte
il y a dix ans. Il n'est personne à qui cela ne puisse
arriver : mais ce qui n'arrive pas aussi souvent, c'est
que, depuis cette époque, je me suis trouvée infini-
ment plus heureuse; j'ai joui d'une félicité que je
n'avais jamais connue, et qui dure encore, grace au
ciel. Il est vrai que les chagrins que j'ai soufferts
pendant ma vie ont bien payé le bonheur que je
goûte depuis ma mort. Il est nécessaire de vous
instruire de tout ce qui m'arriva jusqu'à ce fortuné
moment; vous verrez que mon trépas seul pouvait
m'assurer un état tranquille dans le monde.

Je suis née à Florence de parens nobles et fort
riches. Mon père et ma mère n'avaient que moi d'enfans. Je fus élevée dans leur maison, où ma bonne
et tendre mère me dédommageait, par ses soins, par
son amour, par ses caresses, des chagrins que me
causait souvent la sévérité de mon père. Ce vieillard,

respectable à beaucoup d'égards, était fier de sa
haute naissance, des honneurs qu'il avait mérités au
service de l'empereur, et se désolait chaque jour de
n'avoir point de fils qui pût hériter de son nom :
son caractère s'en était aigri. Ma pauvre mère supportait son humeur avec une douceur, une vertu
qui désarmaient quelquefois mon père ; mais la vanité reprit son empire; il se croyait sans enfant
parce qu'il était sans fils.

Le palais que nous occupions à Florence était
voisin d'une maison habitée par un vieux gentilhomme peu riche, mais fort estimé : c'était le marquis d'Orsini. Veuf depuis long-temps, il consacrait
sa vie à l'éducation d'Octave, son fils unique, dont
l'âge était à peu près le mien. Mon père et le vieux
Orsini avaient servi jadis ensemble; ils s'estimaient,
se voyaient souvent, et le jeune Octave était accoutumé dès l'enfance à venir familièrement dans notre
maison, où ma mère surtout le comblait d'amitiés.

Je n'avais pas encore dix ans, qu'Octave était
l'ami de mon cœur. Il était si doux, si beau, si aimable, que je le chérissais beaucoup plus qu'une
sœur ne chérit son frère. Je lui confiais mes plaisirs, mes peines; j'étais la confidente de tous ses se-
crets : et, comme si nous avions prévu les chagrins
que devait bientôt nous causer notre penchant naturel, nous prenions soin de le cacher. Nous parais-

sions indifférens devant mon père et ma mère, nos
jeux semblaient seuls nous occuper; nous nous dis-
putions même quelquefois; mais aussitôt que nous
étions dans le jardin ou dans le petit bois qui le
terminait, alors plus de querelle, plus de jeux. Octave ne me parlait que de sa tendresse, Octave serrait et baisait mes mains; souvent il osait m'embrasser, en me jurant de n'avoir jamais d'autre
épouse que Valérie : je lui faisais le même serment,
et je recevais sans rougir ses innocentes caresses.

Jusqu'à l'âge de quatorze ans, aucun remords,
aucune crainte, ne troublèrent nos tendres amours.
Octave était dans sa seizième année. Je sentis alors
que je l'aimais plus vivement que je ne l'avais encore aimé : mais une voix secrète m'avertit qu'il ne
fallait plus aller dans le bois seule me promener avec
Octave. Dès ce moment, j'évitai ces promenades, je
retranchai de nos jeux la douce liberté qui en faisait
le charme. Octave s'en plaignit bientôt : je voulus
l'instruire de mes motifs; et, dans ce dessein, je
consentis, pour la dernière fois, à le suivre au bois
solitaire. Mais soit que mon père eût des soupçons,
soit que le hasard l'eût guidé, mon père ne tarda
pas à nous joindre dans une salle de verdure fort
sombre, fort retirée, où j'étais assise sur un petit
banc de gazon. Il n'y avait de place que pour moi :
Octave, qui n'avait pu s'asseoir, s'était mis à mes

genoux, me tenait les deux mains, me parlait vivement; et, comme il me parlait bas, dans la crainte d'être entendu, nos deux visages étaient près l'un de l'autre. Mon père nous surprit ainsi. Sa colère fut égale à notre effroi. Il m'ordonna, d'une voix terrible, d'aller rejoindre ma mère. J'obéis aussitôt. Je l'entendis de loin gronder fortement Octave, lui défendre de revenir dans sa maison; et je vis le pauvre infortuné sortir en pleurant de notre palais.

Je souffrais autant que lui; je l'aimais aussi tendrement que j'en étais aimée. Cet amour, né dès mon enfance, ne pouvait plus finir qu'avec ma vie. Les reproches outrageans dont mon père m'accabla, les menaces qu'il me fit, la violence de son emportement, augmentèrent ma passion. Je fus indignée de la cruauté dont on usait avec moi; les obstacles m'irritèrent; et, tandis que, les yeux baissés, gardant un triste silence, j'écoutais mon père en fureur, qui me jurait de m'immoler si je revoyais Octave, je prononçais tout bas le serment de n'être jamais à d'autre qu'à lui.

Le lendemain de cette triste aventure, comme j'étais auprès de ma mère, qui, sans chercher à m'excuser, tâchait d'apaiser son courroux, nous vîmes entrer le père d'Octave, le vieux marquis d'Orsini. Son air était noble et grave; ses cheveux blancs, son front vénérable, inspiraient la confiance

et le respect. Mon père, en le voyant, m'ordonna de
sortir. J'obéis : mais l'intérêt puissant que je devais
avoir à leur entretien me fit rester à la porte, où
j'entendis ces paroles que je n'ai jamais oubliées.

Seigneur, dit le père d'Octave, je viens ici chercher un pardon et demander une grace. Mon fils m'a
tout confié. Je l'ai blâmé de sa hardiesse : mais ex-
cusez mon cœur paternel d'avoir pitié de sa passion.
Mon fils adore votre fille; il ose croire qu'il en est
aimé. En vous opposant à leurs vœux vous ferez
deux infortunés : vous le serez bientôt vous-même;
car, à notre âge, mon vieux ami, la nature ne nous
dédommage de tout ce que nous avons perdu que
par les jouissances de nos enfans. Vous connaissez
le nom d'Octave; il est sans tache, et peut digne-
ment s'allier à votre nom : je vous réponds de ses
vertus. Vos richesses seules rendent ce mariage in-
égal : mais conservez vos richesses. Vous pouvez encore espérer d'avoir un jour un héritier. Je le demande pour vous au ciel; ma joie en serait égale à la
vôtre. Ne donnez à Valérie que ce que mon fils
recevra de moi : ce bien leur suffira pour être heureux. Demeurez maître du reste, pour le garder à
votre fils, si vous devez en avoir un, ou pour ne le
donner au mien qu'autant qu'il aura mérité votre
estime et votre tendresse.

Je m'étonne, répondit mon père d'un ton froidement dédaigneux, qu'un homme aussi sage que vous ait pu former un pareil projet. Quand bien même votre fils, par ses prétendues vertus, serait déjà parvenu aux emplois les plus élevés, vous regarderiez sans doute comme une extrême faveur qu'il obtint la main de ma fille; et quand il n'a pour lui qu'une jeunesse oisive, une présomption obscure, et l'avantage de m'avoir offensé, vous pensez que cet hyménée doit être approuvé par moi!

Je pense, interrompt le vieillard, que vous êtes sensible et bon; que vous aimez votre fille; que l'orgueil ne peut l'emporter, dans le cœur d'un père, sur le plus sacré, le plus doux des devoirs. Je pense encore que le fils de votre ami ne vous offense point en aimant Valérie; et si, pour vous trouver offensé, vous voulez oublier qu'il est le fils de votre ami, j'aurai soin de vous rappeler que son père est au moins votre égal.

A ce mot, ma mère tremblante, se hâta de rompre l'entretien. Elle parla d'une voix si haute, que le vieux Orsini ne put entendre la réponse de mon père. Il sortit un instant après; et, dès ce moment, la haine la plus violente remplaça trente ans d'amitié.

Jugez de ma douleur! plus d'espérance de revoir Octave; plus de moyens de lui donner de mes nouvelles ou d'être instruite de son sort. Mon père m'entoura de surveillans; il défendit de me laisser sortir, même pour aller à la messe. Il ne m'adressa plus la parole ; je ne le voyais qu'aux heures des repas, et jamais il ne tournait les yeux sur moi. J'étais dans sa maison comme une étrangère à qui l'on veut faire sentir qu'elle est au moins indifférente. Ma santé s'altéra bientôt. J'aurais succombé dès-lors, sans les tendres soins, sans la douce pitié que me témoignait ma mère : elle ne me quittait pas un moment ; elle soutenait mon courage abattu, me laissait entrevoir qu'il était possible que mon père enfin s'apaisât. Elle n'osait me parler d'Octave : mais tout ce qu'elle me disait avait quelque rapport à lui, toutes les consolations qu'elle m'offrait me présentaient mon amant ; et, sans jamais prononcer son nom, elle m'entretenait de lui sans cesse.

Le temps s'écoulait sans que mes tourmens fussent adoucis, lorsqu'un soir, après souper, je profitai de l'absence de mon père pour aller seule m'affliger dans cette salle de verdure où commencèrent mes malheurs. Je voulus m'asseoir sur ce même gazon où je m'étais assise auprès d'Octave ; je l'arrosai de mes pleurs, je me rappelai ce qu'il m'avait dit, je renouvelai nos anciens sermens : tout à coup un homme s'avance, et vient tomber à mes pieds. Effrayée, je voulus fuir ; la voix d'Octave m'arrêta.

Ecoutez-moi, me dit-il, je n'ai qu'un instant, et c'est le dernier. Je pars cette nuit de Florence ; mon

père vient d'obtenir pour moi une compagnie de ca-
valerie dans les troupes de l'empereur. La guerre
est déclarée avec la Prusse. Je vais rejoindre l'armée;
je vais périr ou vous mériter. J'ai l'espoir, j'ai la certitude de me distinguer tellement dans ma première
campagne, que l'empereur désirera de me connaître;
et, si je parviens à ses pieds, je lui ferai l'aveu de
notre amour. Joseph est jeune, il est sûrement sensible; il aura pitié de mes maux; il daignera s'intéresser pour moi auprès du grand duc son frère.
Votre père ne pourra résister à la prière du grand
duc; et votre main deviendra le prix de ma constance et de mes exploits. Je ne vous demande qu'un
an, Valérie : promettez-moi, jurez-moi de résister
pendant un an aux volontés de votre père; à cette
époque, je serai mort ou digne d'être votre époux.

Je l'écoutais en respirant à peine; mon cœur pal-
pitait d'amour, d'espérance, de frayeur. Je lui jurai
d'être fidèle toute ma vie, de mourir plutôt mille
fois que d'accepter un autre époux. Nous convînmes
de nous écrire par le moyen d'un de mes domestiques, gagné déjà par Octave, et qui venait de lui
ouvrir le jardin. Un léger bruit que nous entendîmes
nous força de nous séparer; j'arrachai ma main de
la main d'Octave, et je retournai précipitamment
dans ma chambre, où je passai la nuit à verser des
pleurs.

Pendant les dix premiers mois qui suivirent le départ d'Octave, rien ne changea pour moi dans notre maison. Mon père me traita toujours avec la même dureté, ma mère avec la même tendresse. Le domestique gagné par mon amant me remettait exactement ses lettres. Elles m'annonçaient chaque jour de nouveaux succès. Le général Laudhon avait pris Octave dans une grande amitié; il l'avait fait son aide-de-camp, il lui promettait de l'avancer aux premiers grades. Mais la guerre traînait en longueur; elle offrait bien peu d'occasions de faire briller le courage. Les grands talens du vieux Frédéric et du prince Henri son frère déconcertaient les projets de l'habile général Laudhon. Point de batailles, point de surprises : les deux héros prussiens prévoyaient tout; leur génie commandait au sort, enchaînait les événemens; et, pour la première fois peut-être, la valeur personnelle et le hasard n'étaient pour rien dans la guerre.

Au bout de dix mois, je cessai tout à coup de recevoir des nouvelles d'Octave. Tremblant pour ses jours, non pour sa constance, j'écrivais lettre sur lettre; je comptais les heures des courriers. Le domestique notre confident allait sans cesse à la poste, et revenait toujours me dire que rien n'était arrivé. Désolée de ce long silence, je l'envoyai chez le vieux Orsini s'informer adroitement si l'on n'avait point de nouvelles d'Octave. La réponse qui me fut faite calma mes inquiétudes sans diminuer mes chagrins. Octave, disait-on, avait écrit la veille qu'il se portait bien, qu'il était colonel, et qu'il passait l'hiver à Vienne auprès du général Laudhon.

J'eus l'injustice d'accuser mon amant; j'osai croire qu'il m'avait oubliée. Dès-lors je cessai de lui écrire; je fis de vains efforts pour le bannir de mon cœur. Hélas! je n'en devins que plus à plaindre : son image me poursuivait; je le voyais à chaque instant comme je l'avais vu la nuit de nos adieux. J'avais beau me promettre, m'imposer la loi d'éloigner ce doux souvenir, il revenait toujours m'assiéger, et j'étais sans cesse occupée de ne plus penser à Octave.

Dans ce même instant il arriva d'Allemagne un certain cousin de mon père, qui vint s'établir dans notre maison. C'était un grand homme sec, noir, de quarante-cinq à cinquante ans, d'une figure fausse et triste, d'un caractère froid et sombre. Il ne parlait que de sa noblesse; il avait employé sa vie entière, et le peu d'intelligence qu'il avait reçue du ciel, à relire, à étudier, à bien apprendre par cœur toutes les généalogies de l'Europe; il savait parfaitement l'année, le mois, le jour de tous les contrats de mariage, de toutes les preuves capitulaires qui s'étaient faites en Allemagne depuis la destruction de l'empire romain; il connaissait toutes les branches des familles des électeurs, des palatins de Pologne et de Hongrie ; et, depuis quelques années, pour remplir ses très-longs loisirs, il s'occupait de mettre en ordre les titres de la maison ottomane, en re-cherchant tous les rejetons qu'elle avait produits jusqu'à la soixante-quatrième génération ; ce qui ne laissait pas, disait-il, de lui donner un peu de tra-vail, à cause du nombre prodigieux de sultanes entrées dans cette famille, trop peu délicate sur les mésalliances.

Ce cousin, qui s'appelait le comte Héraldi ; dès le premier soir de son arrivée, après avoir, pendant le souper, beaucoup questionné mon père sur tous les bons gentilshommes de Toscane, lui demanda d'une manière indifférente où demeurait à Florence un certain marquis d'Orsini. Mon père, avec un ton d'humeur, lui répondit qu'il n'en savait rien. Il faut pourtant que je le sache, reprit aussitôt Hé-raldi ; car, en passant à Vienne il y a trois semaines, j'ai dîné chez le général Laudhon le jour du mariage de sa nièce avec le fils de ce marquis d'Orsini. Ce jeune homme, que j'ai trouvé fort aimable, instruit que je venais ici, m'a remis une lettre pour son père, m'a fait promettre de l'aller voir, de lui rendre compte en détail des fêtes de ce mariage et du bonheur dont j'ai vu jouir les nouveaux époux.

J'écoutais ces paroles plus morte que vive. Mon

père fronçait le sourcil sans répondre; ma mère tremblante me regardait; et le cruel Héraldi continuait à raconter que la jeune personne s'était éprise d'amour pour Orsini, que l'empereur avait daigné s'intéresser à cet hymen, qu'un régiment avait été la dot de la nièce du général. Tout s'accordait avec ce que l'on m'avait déjà dit : je ne doutai plus de l'infidélité d'Octave; et, sûre de mon malheur, malgré mes efforts pour dissimuler mon trouble, les forces m'abandonnèrent, je tombai sans sentiment entre les bras de ma mère. On m'emporta. Je revins à moi; je me trouvai dans mon lit, environnée de mes femmes, soutenue par ma bonne mère, qui m'embrassait en pleurant.

L'état horrible où je me trouvai me donna bientôt une fièvre ardente. Elle fut longue et douloureuse. Mes jours furent en danger. Ma mère ne me quittait point. Mon père lui-même, pendant six semaines que dura ma maladie, me prodigua les plus tendres soins; il me veillait, il m'appelait sa fille, il semblait m'avoir rendu son cœur. Jamais sa sévérité n'avait pu aliéner le mien : je fus si sensible à ce retour de mon père, que, dans un moment où, me prenant la main et fixant sur moi des yeux pleins de larmes, il me demanda d'un air pénétré comment se trouvait sa chère Valérie, je ne fus pas maîtresse de mon transport; et, jetant mes bras autour de son cou, j'attachai mon visage au sien; je le mouillai de mes pleurs, en lui disant : Oui, mon père, oui, je suis votre Valérie, je suis votre enfant soumis; et désormais le seul sentiment, l'unique désir de mon cœur sera de vous obéir.

Ce mot décida de ma vie. Je m'apercevais bien, depuis quelque temps, que mon père me destinait à mon cousin Héraldi. Ce parent portait notre nom de famille; et ce nom décidait mon père. C'était pour lui un si grand bonheur de voir renaître sa maison, de pouvoir laisser tous ses biens au descendant de ses aïeux! Il me parla de ce projet sans me rien prescrire, sans rien exiger; mais il me dit qu'il mourrait de douleur si je n'avais pitié de sa faiblesse. Octave était marié, Octave était infidèle : j'étais indignée contre Octave; il me semblait qu'il me serait doux de pouvoir aimer un autre que lui : je consentis, je donnai ma parole. Comment ne l'aurais-je pas donnée? Comment ne pas obéir à mon père? Il n'ordonnait pas, il priait.

Les apprêts de mon mariage se firent avec une célérité dont je n'osais me plaindre, mais qui m'effrayait. Ma mère ne me disait rien, soupirait, et cachait ses larmes; mon père redoublait de tendresse pour moi; Héraldi me comblait de présens, et m'épargnait les tristes assurances d'un amour que je n'aurais pu encore écouter. Les dispenses arri-

vèrent de Rome ; le contrat fut signé. L'on me para,
l'on me couvrit de diamans, et je fus menée à l'autel.

Je prononçai le terrible serment sans une émotion trop vive, indifférente presque à mon sort,
n'attachant qu'une faible importance à une des-
tinée qui ne pouvait pas être heureuse, et qu'il
m'était à peu près égal de supporter avec plus ou
moins de tourmens. Après la messe, je sortis du
chœur, suivie de ma famille, tenant la main d'Héraldi, qui ne se possédait pas de joie, lorsqu'à la
porte de l'église, comme je m'avançais pour prendre
de l'eau bénite, je lève les yeux, et je vois, appuyé
contre le bénitier, un jeune homme pâle, défait, ses
habits, ses cheveux en désordre, les yeux éteints,
égarés, qui, me regardant fixement, s'apprroche,
et me dit d'une voix basse, entrecoupée : J'ai voulu
vous voir, Valérie, consommer votre crime horrible ;
je l'ai vu, je suis content, car je suis sûr de mourir.

Il s'enfuit en disant ces mots. J'étais tombée sans
connaissance. J'ignore ce que je devins, si mon
père reconnut Octave ; je ne sais plus rien depuis
cet instant. Relevant à peine d'une maladie longue,
je retombai dans des accidens plus graves, plus
dangereux que les premiers. Le délire ne me quitta
plus. Le mal fit des progrès rapides ; et tout ce que
j'ai su depuis par ma mère, c'est qu'après un transport de soixante heures, mêlé d'affreux redouble-

mens, j'éprouvai tout à coup une extrême faiblesse, et j'expirai dans ses bras.

Ma mère pensa me suivre; mon père fut au désespoir; Héraldi pleurait ma fortune : mais ce malheur était sans remède. On m'ensevelit; je fus portée, avec une grande pompe funèbre, au caveau de ma famille, creusé dans une chapelle de la cathédrale. Là, mon cercueil fut placé sur de grandes barres de fer : la pierre du caveau fut remise, et l'on me laissa dans ce séjour de la mort.

Ce qui se passa depuis vous serait mieux raconté par Octave que par moi. Il m'a fait souvent ce récit; il m'a répété bien des fois qu'après m'avoir parlé au bénitier, son dessein était d'aller se cacher dans quelque désert de l'Apennin pour y finir sa déplorable vie : mais l'état où il m'avait vue, la nouvelle de ma maladie, qui se répandit bientôt, le retint à Florence. Vous imaginez aisément la douleur dont il fut accablé, lorsqu'on l'instruisit de ma mort. Egaré par son désespoir, se regardant comme mon meurtrier, il forma le projet insensé de descendre dans ma tombe, et de se tuer sur mon cercueil. Le soir même de mon enterrement, il va trouver le sacristain de la cathédrale, le séduit à force d'or; et tous d'eux, vers minuit, munis d'une lanterne sourde, vont à l'église, s'y enferment, lèvent la pierre du caveau, descendent ensemble les degrés. Dès qu'Octave aperçût ma bière, il s'élance en poussant des sanglots, arrache les planches, écarte le voile qui me couvrait, et, collant sa bouche sur mes lèvres pâles, il espère n'avoir pas besoin de son épée pour terminer une vie que sa douleur seule va lui ravir.

O miracle de l'amour! miracle que ne croiront point les malheureux qui n'ont pas aimé! L'ame de mon amant rappela la mienne : ma bouche, pressée si fortement, si tendrement par sa bouche, laissa échapper un soupir. Octave le sentit; Octave, hors de lui-même, jette un cri, me prend dans ses bras, m'arrache du cercueil, m'enlève, me serre, m'échauffe contre son cœur; le mien alors reprit la vie. Je fis un léger mouvement. Octave, ivre de joie, m'emporte, remonte les degrés avec son fardeau, gagne la porte de l'église, qu'il se fit ouvrir par le sacristain; et sans s'arrêter un moment, il vole à la maison de son père, où je suis mise dans un lit, où l'on me prodigue tous les secours.

Je rouvris les yeux enfin : mes premiers regards rencontrèrent Octave et son père, accompagnés d'un médecin qui déjà répondait de mes jours. Je ne puis vous peindre ce que j'éprouvais : il me semblait sortir d'un long rêve; je ne me sentais pas vivre : mais je reconnaissais Octave; je ne pouvais pas lui parler, mais j'avais du plaisir à le voir : je

ne pensais point, je me trouvais bien, et je n'étais
pourtant pas sûre que j'existasse. Trois jours et trois
nuits suffirent à peine pour me rendre mes facultés.
Au bout de ce temps, le sommeil que je goûtai sans
m'en apercevoir, la nourriture que je pris à mon
insu, me firent trouver peu à peu mes sens. La mémoire me revint ; je me rappelai ma mère, mon
mariage, le bénitier où j'avais vu mon amant. Mes
idées s'arrêtaient là : mais j'entendais ce que l'on
disait, je comprenais que j'étais chez Octave, je
voyais que c'était lui qui me serrait tendrement la
main ; et mon amour, dont le sentiment ne m'avait
jamais quittée, me retraçait à chaque instant un
souvenir qui s'était effacé.

Bientôt je me vis en état d'écouter et d'entendre
Octave, d'apprendre de sa bouche même tout ce qui
m'était arrivé. L'idée de son inconstance, de son mariage en Allemagne, s'offrit alors à mes faibles esprits.
Aussitôt que je pus prononcer quelques paroles avec
suite, je lui parlai de son hymen avec la nièce du
général Laudhon. Octave me crut en délire. Le général Laudhon n'avait point de nièce ; Octave arrivait de l'armée ; il n'était point colonel, n'avait
point passé par Vienne ; mais, profitant d'un congé
qu'il n'avait obtenu qu'à force de prières, inquiet
de voir que depuis deux mois je ne lui répondais
plus, il était venu, courant nuit et jour, portant

une lettre de Laudhon qui le recommandait aux bontés du grand duc. Il descendait de cheval lorsque j'allais à l'église; il m'avait suivie à l'autel, et, dans son trouble, dans sa fureur, il avait voulu du moins me reprocher mon parjure.

Je compris alors qu'Héraldi, peut-être de concert avec mon père, avait ourdi cette horrible trame, et que, trahie par le domestique à qui je m'étais confiée, on avait intercepté les lettres de mon amant. Cette découverte m'inspira pour le perfide Héraldi une aversion, un mépris, une horreur insurmontables; nul crime n'égalait à mes yeux les affreux moyens qu'il avait employés : et j'étais la femme de ce monstre! j'étais condamnée à vivre son épouse, à lui consacrer mes jours! Cette désolante idée me replongeait dans le désespoir; je regrettais mon tombeau, je désirais d'y redescendre.

Rassurez-vous, ma chère fille, me dit le vieux Orsini. Je viens de chez le grand duc : j'ai voulu lui porter moi-même la lettre du brave Laudhon ; j'ai voulu l'instruire encore de tout ce qui s'est passé. Ce généreux prince a daigné m'entendre : il vous prend sous sa protection. Il vient d'écrire au Saint Père pour fairé casser votre indigné mariage.

Je ne doute point qu'il ne soit dissous. Vous êtes morte pour Héraldi, vous ne vivrez que pour Octave ; et la religion, la justice, sauront vous défendre

contre vos tyrans. Je n'ai qu'une grace à vous demander : c'est que personne ne puisse vous voir, ne
puisse être instruit de notre secret avant le retour du
courrier de Rome. Votre repos, votre bonheur,
tiennent à cette précaution.

Ces paroles me rendirent l'espoir. Je promis à ce
bon vieillard, que je n'appelai plus que mon père,
je lui jurai de suivre ses conseils, de ne pas quitter
un moment sa maison. Hélas! où pouvais-je être
mieux? Octave était avec moi, Octave me parlait
sans cesse de son amour et de notre hymen. Ma santé
se rétablissait; j'étais heureuse, je devais l'être davantage : il n'en fallait pas tant pour me guérir.
Bientôt je ne me sentis plus aucun mal, je me
trouvai telle que j'étais dans les beaux jours de ma
jeunesse; et je ne conservai de mes souffrances pas-
sées que cette pâleur que vous me voyez, reste effrayant de la tombe que rien n'a pu faire disparaître.

Enfin nous touchions au moment de l'arrivée du
courrier de Rome, lorsqu'un événement extraordinaire pensa renverser tous nos projets.

C'était le temps de la semaine sainte. Ma pieuse
mère m'avait élevée dans des principes religieux que,
grace au ciel, j'ai toujours conservés. Je gémissais
en secret de ne pouvoir aller à l'église dans ces jours
sacrés où la pénitence apaise la justice d'un Dieu
clément. Je n'osais parler à Octave du besoin qu'é-

prouvait mon cœur de remercier dans son temple
ce Dieu qui m'avait sauvée; mais je résolus, malgré
tous les périls, de remplir un devoir si saint. Je
profitai du seul moment où, par hasard, je me
trouvai seule; je m'enveloppai d'une mante noire
sous laquelle mon visage ne pouvait être aperçu:
je sortis de la maison, le jeudi saint, à neuf heures
du soir, et m'acheminai vers la cathédrale pour
adorer le Christ dans sa tombe. L'église était pleine
de peuple, qui dans un profond silence, les mains
jointes, les yeux baissés, faisait ses prières devant
l'autel où l'on avait déposé l'hostie. Cet autel seul était
éclairé par un nombre prodigieux de flambeaux; le
resté de l'édifice était sombre. Je restai cachée derrière un pilier; j'adressai mes vœux au Sauveur du
monde; je lui demandai de veiller sur celle qui
n'avait d'espoir que dans sa miséricorde et dans sa
puissance.

En me relevant pour sortir, je me sentis un désir
violent de voir cette chapelle où on m'avait en-
terrée. Elle n'était pas loin; j'y dirigeai mes pas.
Quel spectacle s'offrit à ma vue! je vis, je reconnus,
à la sombre lueur qui venait jusqu'à la chapelle,
mon père et ma mère à genoux sur ma tombe, et
mon époux Héraldi, habillé de deuil, avec des pleu-
reuses, debout auprès de mon père, qui paraissait
enseveli dans une profonde méditation. Ma mère,

plus près de la grille qui séparait la chapelle du
bas côté, priait en versant des larmes. J'eus peine
à retenir mes cris : je m'élançai vers elle involontairement, et ne m'arrêtai qu'à la grille. Ma mère ne
m'entendit pas ; elle était trop occupée. Je la regardai long-temps en pleurant, quand tout à coup
je la vis s'incliner, porter auprès de moi sa main à
la grille afin de s'y soutenir, se baisser jusqu'à terre
en prononçant le nom de Valérie, et poser doucement ses lèvres sur le marbre de ma sépulture. Je
ne fus plus maîtresse de mon transport ; j'attachai
mes lèvres sur cette main, et mes sanglots éclatè-
rent.

Dans ce mouvement, le voile qui couvrait ma
tête se dérangea ; je ne m'en aperçus point. Ma mère
surprise se lève, regarde, reconnaît sa fille, jette
des cris en m'appelant, en me tendant ses bras à
à travers les barreaux. Mon père et son gendre ef-
frayés me reconnaissent aussi. Mon père demeure
immobile : Héraldi s'avance, ouvre la grille ; je
veux fuir, la foule m'arrête. Héraldi s'approche de
moi ; il étend déjà la main pour me saisir par mes
habits. J'étais perdue, si, dans ce moment, l'amour
ne m'avait inspirée. Arrête, lui dis-je d'une voix
que je m'efforçai de rendre terrible ; respecte du
moins, après son trépas, celle que tu trompas pen-

dant sa vie. Toi seul as causé ma mort. Laisse-moi, pleure ton crime, et fléchis le courroux du ciel.

Après avoir dit ces mots, qu'Héraldi, glacé de terreur, écouta sans oser faire un mouvement, j'enveloppai ma tête dans mon voile, et je marchai d'un pas tranquille vers la porte de l'église : le peuple s'ouvrait devant moi. Je sors, je m'échappe à la hâte, et je regagne enfin la maison d'Octave, sans que personne eût osé me suivre.

Le lendemain, dans Florence, on ne parla que du revenant qu'on avait vu dans la cathédrale. On ne pouvait en douter; mille témoins m'avaient reconnue. Plusieurs ajoutaient qu'ayant repoussé de la main mon époux qui me poursuivait, mes cinq doigts avaient laissé sur ses habits cinq marques brûlantes de feu. D'autres assuraient avoir entendu qu'Héraldi m'avait fait mourir, et que je revenais demander justice; tous l'accusaient à haute voix d'être le meurtrier de sa femme. Le peuple murmurait contre Héraldi; on le suivit en l'insultant, on lui jeta même des pierres; ses jours n'étaient plus en sûreté.

Heureusement le courrier revint, apportant le bref du Saint Père, qui cassait et annulait mon mariage, comme contracté par une fraude. Dès que le grand duc l'eut en son pouvoir, il envoya cher-

cher le vieux Orsini, convint avec lui des mesures
qu'il fallait prendre; et, le lendemain au matin, je
me rendis au palais avec Octave et son père. Le
prince nous combla de bontés, daigna s'entretenir
avec nous de nos intérêts les plus chers, et lorsqu'on vint lui annoncer que mon père et ma mère,
avec Héraldi, venaient se rendre à ses ordres, il
nous fit passer dans un cabinet, d'où j'entendis ces
paroles qu'il adressait à mon père :

On s'est servi d'étranges moyens, monsieur, pour
marier votre fille avec un homme qu'elle ne pouvait
aimer. Votre repentir l'a vengée ; et les larmes que
je vois dans vos yeux m'ôtent le courage de vous
faire des reproches. La mort a brisé ces funestes
nœuds; et si, par un miracle que le peuple croit,
votre fille revoyait la lumière, cet hymen n'en serait
pas moins nul. Voici le bref de Sa Sainteté qui le déclare tel; je vais le rendre public. Choisissez donc,
comte Héraldi, ou de soutenir contre moi un pro-
cès si peu honorable, ou de signer dans mes mains
une renonciation à vos chimériques droits, et de
partir sur-le-champ pour Vienne. Mes bienfaits vous
y suivront, et vous rendrez le calme à ma capitale,
où votre présence excite du trouble.

Héraldi ne tarda pas à répondre; il fit sa renonciation dans les termes dictés par le grand duc.

Ensuite, prenant congé de Son Altesse impériale, il sortit au moment même de Florence, en promettant de n'y plus revenir. Cette affaire fut bientôt terminée.

Ce n'est pas tout, dit alors le grand duc en s'adressant à mon père ; votre fille vit encore... Un cri de ma mère l'interrompit. Vous la reverrez, continua-t-il : mais votre fille ne peut vivre heureuse qu'en devenant l'épouse du jeune Orsini. C'est lui qui l'arracha du tombeau, c'est dans sa maison qu'elle habite ; la reconnaissance, l'amour paternel, la gloire de Valérie, tout vous impose la loi de consentir à cet hymen. Si ma prière n'affaiblit point des réclamations si puissantes, je vous demande Valérie pour Octave : il en est digne, il a su mériter l'estime et l'amitié de Laudhon. Approuvez cet heureux mariage, je vous promets un régiment pour votre gendre, et j'obtiendrai pour vous-même le cordon de Marie-Thérèse.

Mon père ne répondit qu'en s'inclinant. Il consentit, sans hésiter, à ce que désirait le prince ; et ma mère, baignée de pleurs, demandait avec des sanglots à revoir sa fille chérie. Je n'eus pas la force d'attendre plus long-temps ; j'ouvris avec bruit la porte, je me précipitai dans les bras de ma mère, qui pensa mourir de sa joie. Celle de mon père fut vive; il me pressa contre son cœur, me demandant pardon de ses fautes, et combla de caresses le jeune Octave, ainsi que le vieux Orsini.

Nous tombâmes tous aux pieds du grand duc; nous ne trouvions pas de paroles qui rendissent notre reconnaissance. Mon hymen ne tarda pas à s'accomplir. La noce se fit dans le palais du prince. Depuis ce moment, sans cesse occupée de plaire à l'époux que j'adore, au vénérable Orsini qui me chérit comme sa fille, à mon père qui m'a rendu sa tendresse, à ma digne mère qui ne me l'ôta jamais, je coule des jours paisibles, embellis par l'amitié, par la reconnaissance, par l'amour; et je remercie le ciel d'être morte pendant quelque temps pour vivre toujours heureuse.

LÉOCADIE,

ANECDOTE ESPAGNOLE

IMITÉE DE CERVANTES.

—

Une nuit d'été, par un beau clair de lune, vers les onze heures à peu près, un pauvre vieux gentilhomme revenait de se promener hors de la ville de Tolède avec sa femme dont il tenait le bras, sa fille âgée de seize ans, et une servante qui composait tout son domestique. Ce vieux gentilhomme, indigent et vertueux, s'appelait don Louis; sa femme, dona Maria; sa fille, dont la figure était céleste, et dont l'ame était encore plus belle, se nommait Léocadie.

Dans le même instant sortait de la ville, pour aller à la promenade, un cavalier de dix-huit ans appelé Rodolphe, qui se croyait dispensé d'avoir des mœurs parce qu'il avait de la noblesse et de la fortune. Il venait de quitter la table; il était environné de ses compagnons de débauche, échauffés comme lui par le vin. Bientôt cette troupe bruyante se trouva vis-à-vis du vieux don Louis et de sa fa-

Melanges P. 126.

mille : c'était la rencontre des loups et des brebis.

Les jeunes gens s'arrêtèrent en regardant d'une manière insolente la bonne mère et sa fille. L'un d'eux embrasse la servante ; le vieux gentilhomme veut dire un mot, il est insulté : sa main tremblante tire son épée ; Rodolphe en riant le désarme, saisit la jeune Léocadie, l'enlève dans ses bras, et fuit avec elle vers la ville ; escorté de ses coupables amis.

Tandis que le vieux don Louis faisait des imprécations contre sa faiblesse, que dona Maria jetait des cris ; et que la servante s'arrachait les cheveux, la malheureuse Léocadie était évanouie dans les bras de Rodolphe ; qui, parvenu jusqu'à son hôtel, ouvre une porte secrète, congédie ses amis, et gagne son appartement avec sa victime. Il entre sans lumière, sans être vu de ses valets : il s'enferme dans sa chambre ; et, avant que Léocadie ait repris ses sens, il consomme le plus grand crime que puissent faire commettre l'ivresse et la brutalité.

Rodolphe, après avoir satisfait ses désirs infames, demeura un moment indécis sur le parti qu'il avait à prendre : il éprouvait sans doute un sentiment de remords, lorsque Léocadie revint à elle. La plus profonde obscurité régnait dans l'appartement. Elle soupire, elle tremble, et s'écrie d'une voix faible :

Ma mère! ma mère, où êtes-vous? Mon père! répondez-moi... où suis-je? quel est ce lit?... O Dieu! ô mon Dieu! m'avez-vous abandonnée? Quelqu'un m'entend-il?... Suis-je dans mon tombeau?... Ah! malheureuse!... plût au ciel!...

Dans ce moment Rodolphe saisit sa main; l'infortunée jette un cri perçant, s'échappe avec précipitation, et va tomber à quelques pas. Rodolphe la suit. Alors, à genoux, avec des sanglots, avec un accent lamentable : O vous, lui dit-elle, qui que vous soyez, vous qui avez causé tous mes maux, vous qui venez de me rendre la plus malheureuse et la plus méprisable des créatures, s'il reste dans votre ame le moindre sentiment d'honneur, si vous êtes capable de la moindre pitié, je vous supplie, je vous conjure de m'ôter la vie; vous n'avez que ce seul moyen de réparer le mal que vous m'avez fait. Au nom du ciel, au nom de tout ce que vous aimez, si vous aimez quelque chose, égorgez-moi. Vous le pouvez sans courir le moindre péril : nous sommes sans témoins, personne ne saura votre crime; il sera moins grand que celui que vous avez commis; et je crois, oui, je crois que je vous pardonnerai tout, si vous m'accordez cette mort devenue ma seule ressource.

En disant ces mots elle se traînait sur le carreau pour embrasser les genoux de Rodolphe.

Rodolphe, sans lui répondre, sortit de la chambre, ferma la porte sur lui, et courut sans doute s'assurer que personne dans sa maison ou dans la rue ne pourrait s'opposer au dessein qu'il méditait.

Aussitôt qu'il est sorti, Léocadie se lève, s'approche des murailles, cherche avec ses mains, et trouve une fenêtre qu'elle ouvre pour se précipiter. Une forte jalousie l'en empêche; mais la lune, dans son plein, pénètre par la jalousie, et vient éclairer l'appartement. Léocadie demeure immobile, en proie à ses réflexions, et, regardant autour d'elle, examine avec soin cette chambre, observe les meubles, regarde les tableaux, la tapisserie, découvre sur un oratoire un crucifix d'or, s'en empare, et le cache dans son sein. Ensuite refermant la fenêtre, elle attend dans l'obscurité le barbare qui doit décider de son sort.

Rodolphe ne tarde pas à revenir : il était seul, et toujours sans lumière. Il s'approche de Léocadie, lui bande les yeux avec un mouchoir, la prend par la main sans lui dire une seule parole, sans qu'elle ose prononcer un mot, la fait sortir de la chambre, descend avec elle dans la rue, fait plusieurs tours et détours, arrive près de la grande église, quitte le bras de l'infortunée, et s'enfuit précipitamment.

Léocadie fut quelque temps sans oser ôter le mouchoir qui lui couvrait les yeux. Enfin, n'enten-

dant plus le moindre bruit, elle le détache, et porte
ses regards autour d'elle. Se voyant seule près de la
grande église, qu'elle reconnut, son premier mouvement fut de tomber à genoux, et d'adresser à
Dieu une prière fervente. Sa prière achevée, elle se
lève, et gagne en tremblant la maison de don Louis.

Ce malheureux père, avec son épouse désolée,
pleurait sa fille dans ce moment. Il entend frapper,
il court à la porte, ouvre, voit Léocadie, et s'élance
à son cou en poussant un cri de joie.

La mère accourt à ce cri, elle se précipite dans
les bras de sa fille; tous deux l'embrassent et lui
parlent à la fois; tous deux l'appellent leur enfant
chéri, leur unique joie, le seul soutien de leurs
vieux jours; tous deux, en la baignant de pleurs,
multiplient les questions, et ne lui donnent pas le
temps d'y répondre.

La triste Léocadie, après s'être livrée à de si tendres transports, se jette aux genoux de son père, et,
les yeux baissés, la rougeur sur le front, raconte
tout ce qui était arrivé. Elle put à peine achever ce
récit.

Le vieux don Louis la relève et la presse contre
son sein : Ma chère fille, lui dit-il, le déshonneur
n'est que dans le crime, et tu n'en as point commis.
Interroge ta conscience; peut-elle te reprocher la
moindre parole, la moindre action, la moindre pen-

sée? non, ma fille, tu es toujours la même, tu es toujours ma sage Léocadie; et mon cœur paternel t'estime, te respecte, te vénère peut-être plus qu'avant ton malheur.

Léocadie, soulagée par ces paroles, ose lever les yeux vers son père : elle lui montre le crucifix qu'elle avait emporté dans l'espoir qu'il pourrait un jour lui servir à reconnaitre son ravisseur. Le vieillard regarde long-temps ce crucifix, sur lequel tombaient ses larmes : O mon Dieu, lui disait-il, que votre justice éternelle daigne me faire connaître le barbare qui m'a outragé dans la moitié la plus chère de moi-même, qu'elle daigne l'offrir à mes yeux; et, malgré mes cheveux blancs, malgré ma faiblesse, je suis sûr de laver mon outrage dans son coupable sang!

Les transports de don Louis redoublent la douleur de Léocadie; sa bonne mère l'apaise, arrache le crucifix au vieillard, et celui-ci oublie sa colère pour aller de nouveau consoler sa fille.

Après quelque temps donné aux larmes, la malheureuse Léocadie semblait goûter un peu de calme : elle ne sortait jamais de sa maison; il lui semblait que tout le monde aurait lu son outrage sur son front. Hélas! elle eut bientôt des motifs plus cruels de se cacher.

Léocadie s'aperçut qu'elle était enceinte; et son

père et sa mère purent à peine obtenir d'elle qu'elle
ne se laissât pas mourir. Elle fut plusieurs jours sans
vouloir prendre de nourriture; enfin, pour l'amour
de ses parens et par respect pour son état de mère,
elle consentit à supporter ses maux.

Dès que le terme approcha, don Louis et sa
femme louèrent une petite maison de campagne où
ils se rendirent sans domestiques : ils ne voulurent
pas même appeler de sage-femme; ce fut dona
Maria qui en tint lieu. Avec son unique secours,
Léocadie mit au monde un garçon plus beau que le
jour. Don Louis le porta sur les fonts de baptême,
où il lui donna son nom. Bientôt la mère fut rétablie, et sa tendresse pour son fils fut si vive, la vue
de cet enfant devint si nécessaire à son existence,
qu'on résolut de garder dans la maison le petit
Louis, en le faisant passer pour un neveu du vieillard.

Ils revinrent tous à Tolède, où personne ne s'é-
tait douté du motif de leur absence. L'aventure de
Rodolphe n'avait fait aucun éclat; il était parti peu
de temps après pour Naples : et Léocadie, respectée,
aimée de tout le monde, jouissait du bonheur de
l'état maternel et de tous les honneurs de l'état de
fille.

Cependant le petit Louis croissait et devenait
tous les jours plus aimable et plus charmant. Son

esprit, ses graces devançaient son âge, qui n'était encore que de sept ans, lorsqu'un jour où il devait y avoir un grand combat de taureaux, cet enfant se mit à la porte de la maison de sa mère pour voir passer les jeunes cavaliers qui allaient combattre. Il était seul; il voulut traverser la rue pour voir une troupe de jeunes gens qui venaient de l'autre côté : dans le moment un de ces étourdis, emporté par son cheval, vient au grand galop, et passe sur le corps du petit Louis. Le pauvre enfant reste étendu sur le pavé, jetant des cris, perdant beaucoup de sang d'une plaie que le fer du cheval lui avait faite à la tête. Le peuple s'amasse et s'écrie. Tout à coup un cavalier vénérable, suivi de beaucoup de valets, qui passait pour aller aux courses, voit cet enfant, court à lui, le prend dans ses bras, le baise, le caresse, essuie le sang qui couvrait son visage, envoie un de ses gens chercher le meilleur chirurgien de la ville; et, perçant la foule qui l'environnait, il emporte l'enfant chez lui.

Pendant ce temps, don Louis, sa femme et sa fille avaient appris l'accident. Léocadie, comme une insensée, courait déjà dans la rue en criant, en demandant son fils. Son père la suivait à peine, et lui recommandait en vain de ne pas l'appeler son fils. Tout le monde les plaignait, et leur indiquait le chemin qu'avait pris le vieux cavalier. Ils courent,

ils volent à sa maison ; ils montent en jetant des
cris jusqu'à la chambre où l'enfant était déjà entre
les mains du chirurgien. Léocadie arrive la première, se précipite vers lui, le presse, le serre contre son cœur, le baigne de douces larmes, et demande à voir sa blessure. L'aimable enfant, qui
pleurait encore, se met à sourire en voyant sa mère ;
il la caresse, il l'assure qu'il n'a point de mal. Le
chirurgien visite la plaie, et ne la trouve pas dangereuse : Léocadie se le fait répéter cent fois, tandis
que don Louis et sa femme rendent grace au vieux
cavalier, lui disent que cet enfant est leur petit-ne-
veu, et cherchent à excuser l'amour extrême que
leur fille montre pour lui.

Enfin, lorsque Léocadie eut bien embrassé le
petit Louis, lorsqu'elle fut bien certaine qu'il n'y
avait aucun danger pour sa vie, elle s'assied au
chevet du lit, et jette les yeux sur cette chambre.

Quelle est sa surprise en reconnaissant les mêmes
meubles, les mêmes tableaux qu'elle avait observés
au clair de la lune ! Elle revoit le même oratoire sur
lequel elle avait pris le crucifix ; la tapisserie est la
même, rien n'est changé dans l'appartement : Léocadie ne peut douter qu'elle ne soit dans la maison,
dans la chambre où la conduisit son ravisseur.

A cette vue, elle demeure interdite, la pâleur couvre son visage, une vive rougeur lui succède, elle

tombe sans connaissance. On s'empresse, on la secourt, on la ramène chez elle : on veut y rapporter l'enfant; mais le vieux cavalier s'y oppose, il demande, il supplie qu'on le lui laisse jusqu'à ce qu'il soit rétabli. Don Louis, occupé de sa fille, cède aux instances du vieux cavalier, et retourne dans sa maison avec sa femme et Léocadie.

A peine furent-ils seuls, que Léocadie leur déclara ce qu'elle avait vu, et les assura que cette maison était celle de son ravisseur. Don Louis court sur-le-champ prendre des informations sur celui qu'il a tant d'intérêt de connaitre : il savait déjà que le vieux cavalier s'appelait don Diègue de Lara; il apprend bientôt qu'il a un fils unique nommé Rodolphe, que ce fils est à Naples depuis près de sept ans, et que son séjour en Italie l'a, disait-on, rendu aussi sage, aussi retenu, que jusqu'à son départ il avait été fougueux et déréglé. On ajoute que ce jeune homme est le plus beau, le plus aimable de la ville, et le meilleur parti de Castille.

Don Louis vient rapporter ces nouvelles à sa femme et à sa fille. On ne pouvait douter que ce Rodolphe ne fût celui qui avait déshonoré Léocadie; mais pouvait-on se flatter qu'il réparerait cet outrage en donnant la main à une personne, noble il est vrai, mais la plus pauvre de Tolède? Don Louis ne l'espérait pas, et méditait déjà la vengeance. Léo-

.cadie le supplia de lui laisser conduire toute cette affaire, et de ne s'en mêler que lorsqu'elle viendrait recourir à lui. Le vieillard eut de la peine à faire cette promesse; mais enfin il se rendit, et Léocadie fut plus tranquille.

Elle réfléchit mûrement sur le parti qu'elle avait à prendre. Son enfant était toujours chez don Diègue, où ce bon vieillard lui prodiguait les soins les plus tendres. Sa blessure se guérissait; et sa mère, don Louis et sa femme passaient les journées près du convalescent.

Un jour que Léocadie était seule avec don Diègue, et que ce bon vieillard tenait dans ses bras le petit Louis, le baisait, le caressait, et parlait avec complaisance du sentiment si vif et si tendre qui l'attachait à cet enfant, Léocadie ne put retenir ses larmes, et voulut en vain les cacher. Don Diègue lui en demanda le sujet avec tant d'intérêt et d'amitié, qu'enfin Léocadie, les yeux baissés et avec des sanglots, lui raconta tout ce qui s'était passé dans sa maison, lui montra le crucifix, que don Diègue reconnut; et finissant par tomber aux pieds du vieillard : Votre fils m'a déshonorée, lui dit-elle, et j'embrasse vos genoux; votre fils m'a condamnée à l'opprobre et au malheur, et je ne puis m'empêcher de vous aimer comme le père le plus tendre.

Le petit Louis, qui voit pleurer Léocadie, tombe

lui-même aux genoux de don Diègue, lui tend les bras, et lui demande de ne pas affliger sa bonne amie; c'est ainsi qu'il appelait sa mère.

Don Diègue ne put résister à ce touchant spectacle : il relève en sanglotant Léocadie et son fils, il les serre dans ses bras, et leur jure que jamais Rodolphe n'aura d'autre épouse que Léocadie.

Dès le jour même il écrit à son fils de revenir à Tolède, où il lui avait trouvé un mariage convenable. Rodolphe part, arrive chez son père. Il était convenu que Léocadie, don Louis et sa femme ne se trouveraient pas chez don Diègue à l'instant où Rodolphe arriverait.

Après les premiers momens donnés au plaisir de se revoir, don Diègue parle à Rodolphe du mariage qu'il avait, disait-il, arrêté pour lui. Il s'étend sur les richesses de la future épouse, et finit par lui montrer un portrait épouvantable qu'il avait fait faire à ce dessein. Rodolphe recula d'horreur, et voulut représenter à son père qu'il lui serait impossible d'aimer une pareille femme. Mais don Diègue, d'un ton sévère, lui répondit que la fortune était le seul point qu'il fallait envisager dans le mariage. Alors Rodolphe, avec beaucoup d'éloquence, déclama contre ce principe, rappela tous les malheurs qu'il avait causés, ajoutant qu'il n'avait jamais demandé au ciel que de trouver une épouse sage et belle dont il pût faire la fortune, et près de laquelle il trouvât le bonheur.

Don Diègue, dissimulant sa joie, feignait de combattre l'avis de son fils, quand on annonça Léocadie, sa mère et le petit Louis, qui venaient souper chez don Diègue.

Jamais Léocadie n'avait été si belle : il semblait que, par une permission divine, sa grace et sa beauté fussent dans tout leur éclat. Elle éblouit les yeux de Rodolphe, qui demande avec empressement quelle est cette charmante personne. Son père ne fait pas semblant de l'entendre, court aux deux dames, et s'aperçoit avec douleur que le visage de Léocadie se couvrait d'une pâleur mortelle, que ses mains tremblaient dans les siennes, et que la vue de Rodolphe allait lui ôter l'usage de ses sens. Malgré ses efforts, malgré son courage, la sensible Léocadie tombe bientôt sans mouvement, et Rodolphe court à son secours avec une ardeur, avec un intérêt qui charment le bon vieillard.

Enfin elle revient à elle : on se met à table; et, pendant tout le souper, les yeux de Rodolphe ne quittent point Léocadie. Elle le voit, et baisse les siens : elle parle peu, mais tout ce qu'elle dit a une grace touchante et une empreinte de mélancolie qui ajoute encore au charme que Rodolphe trouve à l'entendre. Le petit Louis, placé près de son père, le regardait sans cesse involontairement, lui parlait, le caressait ; et, s'attirant son attention et son amitié, il faisait dire à Rodolphe que le père d'un tel enfant devait s'estimer bien heureux.

On sort de table. Rodolphe, épris des charmes de Léocadie, tire son père en particulier, et lui dit d'un ton respectueux, mais décidé, que rien ne pourra le forcer à épouser celle dont il a vu l'horrible portrait. Il le faudra pourtant, répond le vieillard, à moins que tu ne préfères cette jeune et noble personne avec qui tu viens de souper. Ah ! Dieu ! s'écria Rodolphe, je serais le plus heureux des hommes si elle daignait accepter ma main!........ Et moi le plus heureux des pères, si mon fils, par cet hyménée, réparait le crime dont il s'est souillé !

Alors il raconte à Rodolphe tout ce qu'il sait ; et tirant de son sein le crucifix d'or : Voilà, mon fils, lui dit-il, voilà le témoin et le juge de l'horrible attentat que vous avez commis; voilà celui qui ne vous le pardonnera que lorsque Léocadie vous l'aura pardonné.

Rodolphe écoute, rougit, et court se jeter aux pieds de Léocadie. J'ai mérité votre haine et votre mépris, s'écrie-t-il; mais si l'amour le plus respectueux, si le repentir le plus vrai sont dignes de quelque grace, ne me refusez pas la mienne. Songez qu'un mot de votre bouche va me rendre pour ja-

mais le plus vil, le plus malheureux des hommes,
où le plus tendre et le plus heureux des époux.

Léocadie le regarde un moment en silence avec
des yeux remplis de larmes; puis se tournant vers
le petit Louis, elle le prend dans ses bras, et le
porte dans ceux de son père : Voilà ma réponse,
dit-elle avec une voix entrecoupée : puisse cet enfant vous donner autant de bonheur que vous avez
causé de peine à sa mère !

Aussitôt on envoie chercher un prêtre, un alcade
et deux témoins : cet heureux hymen est terminé le
soir même; et Rodolphe, rendu pour toujours à la
vertu, éprouva qu'il n'est de bonheur que dans un
amour légitime.

DIALOGUE

ENTRE DEUX CHIENS.

NOUVELLE

IMITÉE DE MICHEL CERVANTES.

———

L'AUTEUR de don Quichotte a fait douze Nouvelles, qui toutes sont agréables, mais dont trois surtout méritent d'être distinguées par l'intérêt, l'originalité, la philosophie, que le peintre de Dorothée et de Sancho savait si bien répandre dans ses ouvrages. L'une de ces Nouvelles est la *Force du sang*, qu'on a déjà lue dans mes Mélanges, sous le titre de *Léocadie*. Dans un autre, où l'auteur raconte qu'un homme, malade à l'hôpital de Valladolid, entendit pendant la nuit une conversation qu'avaient ensemble les deux chiens qui gardaient l'hôpital, Cervantes se sert de cette bizarre fiction pour faire une critique fine et philosophique des mœurs, des usages de son pays. Enfin, dans la Nouvelle qui porte le nom de *Rinconet et Cortadille*, il nous représente au naturel une espèce d'hommes fort commune de son temps en Espagne et dont la police a purgé depuis les grandes villes : ce sont des vauriens, des filous, formant un corps, ayant des statuts, des règles, composant une société peu respectable, mais fort gaie. Cervantes les a peints avec un comique, une vérité, qui sans doute ont servi de modèle pour la caverne de Gil Blas. Son excellent esprit n'a pas laissé échapper cette occasion d'attaquer par le ridicule, arme qu'il maniait si bien, les petites pratiques superstitieuses que ces fripons mêlaient à leurs désordres. Cervantes, né dans le seizième siècle, et en Espagne, était peut-être le seul alors qui sût que la superstition est la plus mortelle ennemie de la religion, et qu'on honore l'une en détruisant l'autre.

Pour éviter des longueurs, des traits d'un goût qui n'est pas le nôtre, j'ai réuni au Dialogue des Deux Chiens la Nouvelle de Rinconet et Cortadille; j'y ai joint encore l'*Histoire de Ruperte*, épisode qui m'a paru piquant dans le roman de Persiles et Sigismonde, le premier ouvrage du même auteur; enfin j'ai abrégé, supprimé beaucoup de choses, ajouté même quelquefois : mais tout ce qu'on trouvera de bon appartient à Cervantes, et si l'ouvrage ne plaît point, la faute en est sûrement à moi seul.

Voici comment les deux chiens espagnols, nommés Bergance et Scipion, commencent leur entretien :

BERGANCE.

Mon ami Scipion, abandonnons pour cette nuit la garde de l'hôpital, et viens jouir dans cet endroit écarté de la faveur inattendue que nous accorde le ciel.

SCIPION.

Mon frère Bergance, je t'entends parler, je sens que je parle, et je ne puis le croire. Je te dirai même que cette merveille me fait craindre quelque calamité publique; car on sait qu'elles sont toujours annoncées par des prodiges.

BERGANCE.

Je regarde comme un prodige bien plus effrayant ce que j'ai entendu dire l'autre jour à un habitant d'Alcala.

SCIPION.

Qu'a-t-il dit?

BERGANCE.

Que de cinq mille étudians qui sont à l'université, il y en a deux mille qui apprennent la médecine. Voilà ce qui annonce véritablement une calamité publique. Mais, sans nous embarraser comment et pourquoi nous avons l'usage de la parole, profitons-en : je vais te raconter ma vie; demain, tu me diras la tienne.

SCIPION.

Je le veux bien, à condition que, si tu deviens

ennuyeux, il me sera permis de t'en avertir, sans
que cela te fâche.

BERGANCE.

Me fâcher contre mon ami parce qu'il m'avertirait
de mes défauts ! tu me prends donc pour un homme ?
Au contraire, je t'en serai obligé. Je te préviens que
j'ai des dispositions au bavardage ; c'est à toi de
m'arrêter à temps.

Je crois être né à Séville, chez un boucher, qui
m'apprit dès l'enfance à aboyer les mendiáns, à
mordre les autres chiens, à saisir les taureaux par les
oreilles. Ces exercices me déplaisaient ; quand on
m'excitait à courir sur un pauvre, je n'y allais qu'à
regret, et quand je mordais les bœufs pour les
faire marcher plus vite à la boucherie, je ne sais
quoi me disait que j'aurais dû mordre plutôt ceux
qui allaient les égorger. Je quittai donc bientôt cette
maison de meurtres, et je gagnai la campagne, où
je rencontrai un troupeau de moutons.

Charmé de pouvoir consacrer ma vie à défendre
les faibles contre les forts, je m'avançai vers un
des bergers en baissant la tête et remuant la queue.
Il me caressa, examina mes dents : voyant que j'é-
tais jeune et de bonne race, il me mit un collier
armé de pointes de fer ; et me voilà chien de berger.

J'étais ravi de mon nouvel état. Dans mon enfance j'avais entendu lire des histoires de bergerie

chez une jeune Sévillane dont mon premier maître
était amoureux. Ce maître, après avoir tué des
moutons le matin, venait le soir lire des églogues
chez sa maîtresse. Je me rappelais ces beaux récits
de bergers et de bergères qui faisaient retentir les
échos des doux sons de leurs musettes. Je me sou-
venais du malheureux Amphrise qui allait écrivant
des vers sur l'écorce de tous les hêtres ; du respectueux Elicio, ce digne amant de Galatée, qui né-
gligeait quelquefois ses brebis et ses affaires pour
s'occuper de celles d'autrui ; et des douleurs de Si-
rène, et des regrets de Diane, et de beaucoup d'autres bergers ou bergères qui se disaient les choses
du monde les plus aimables, les plus tendres, et s'é-
vanouissaient toujours quand ils se quittaient ou se
rencontraient. Quel bonheur, pensai-je en moi-
même, de me trouver le compagnon de ces amans
si fidèles, qui, sur des prés émaillées, à l'ombre des
bocages verts, passent leur vie à mourir pour des
bergères aussi sages que belles, et plus fraîches que
les fleurs des champs dont elles parent leurs hou-
lettes !

SCIPION.

Mon cher ami, si, avec tes dispositions au bavardage, tu te mets à me dire des pastorales, nous ne
risquons rien de demander la parole pour un an
tout au moins.

BERGANCE.

Hélas! Scipion, je suis bien loin d'avoir à te conter des pastorales. Je pensai mourir de chagrin lorsque je vis que les véritables bergers n'avaient rien de commun avec ceux dont on m'avait lu l'histoire. Croirais-tu bien que, dans toute la contrée, il n'y avait pas seulement une Amaryllis, une Diane, ou une Sylvie; pas un Lausus, un Hyacinthe, ou un Riselus? Les misérables! ils s'appelaient tous, Antoine, Dominique, ou Laurent. Au lieu de ces beaux combats de flûte ou de poésie des anciens bergers, les combats des miens étaient à coups de poing. Enfin je ne reconnus rien qui ressemblât à mes églogues, si ce n'est les loups, qui mangeaient toujours les moutons.

Je résolus au moins de les bien défendre. Sans cesse aux aguets dès que j'entendais crier au loup, je me précipitais sur la trace que m'indiquaient les bergers. Je parcourais la vallée, les bois, la montagne, les chemins, sans apercevoir le moindre vestige du loup; et, le lendemain matin, lorsque je regagnais le troupeau, las, haletant, épuisé de fatigue, les pieds fendus par les ronces et les cailloux, je trouvais toujours quelque brebis morte, ou quelque mouton à moitié mangé. Le maître du troupeau arrivait : on lui présentait la peau de la bête étranglée; les reproches ne manquaient pas aux bergers,

et les coups de bâton pleuvaient sur les pauvres
chiens.

Fatigué de tant de châtimens non mérités, et de
voir que mes soins, mon courage, ma vigilance,
étaient inutiles, je résolus, pour attraper le loup,
de ne plus l'aller chercher. Je me cachai près de la
bergerie, je laissai courir mes camarades, et bientôt
j'aperçus deux de nos bergers qui, saisissant un des
plus beaux moutons, lui coupent la gorge et le déchirent, de manière qu'on aurait cru reconnaître la
dent du loup. Le lendemain, ces scélérats mon-
trèrent ce mouton à leur maître, après en avoir
gardé la meilleure part. O combien je regrettais de
ne pouvoir parler! combien je me sentais indigné
contre ces traîtres! Où en sommes-nous, me dis-je,
si ceux à qui l'on a confié le troupeau sont les premiers à le détruire! si les défenseurs des brebis les
égorgent, et si les pasteurs sont des loups!

SCIPION.

Quand on n'a lu que des églogues, on est quelquefois étonné de ce qui se passe dans le monde.

BERGANCE.

J'abandonnai sur-le-champ ces maîtres cruels, et
je revins à Séville, où j'entrai au service d'un riche
marchand.

Ce maître avait deux fils, l'un âgé de douze ans,
l'autre de quatorze, étudiant ensemble le latin au

collège des Jésuites. Quand ils allaient prendre leurs leçons, ils étaient toujours suivis de plusieurs valets pour porter leurs livres. S'il faisait beau, ils allaient à cheval; s'il pleuvait, un carrosse était à leurs ordres. Cette magnificence me donnait à penser, lorsque je la comparais avec le peu de faste de leur père, qui s'en allait chaque matin à la bourse suivi d'un nègre et monté sur un méchant petit mulet.

SCIPION.

Tel est l'usage des négocians riches : ils affectent d'être modestes pour eux-mêmes; mais leur vanité s'en dédommage avec leurs enfans. Ils leur achètent des titres, il les élèvent comme de grands seigneurs; enfin ils prodiguent leurs trésors pour les rendre ridiculés et leur faire oublier qu'ils sont leurs pères.

BERGANCE.

Un jour les enfans de mon maître, en allant au collège, laissèrent tomber un de leurs portefeuilles dans la cour. Comme j'avais appris à rapporter, je saisis le portefeuille par ses cordons, et, malgré les efforts d'un valet qui tenta de me l'arracher, je le portai jusqu'au collège, Là, sans m'en dessaisir, j'entrai gravement dans la salle d'études ; je ne m'étonnai point des éclats de rire des écoliers, et, distinguant l'aîné de mes jeunes maîtres, j'allai dé-poser avec respect mon portefeuille dans ses mains; ensuite je revins m'asseoir à la porte de la salle; et, regardant d'un air attentif le professeur qui lisait dans sa chaire, j'eus l'air de l'écouter avec fruit.

Mon amour pour la science divertit beaucoup mes jeunes maîtres, qui voulurent que tous les jours je portasse au collège le même porte-feuille. Dès que j'arrivais, on me faisait mille caresses, tous les chapeaux, tous les bonnets étaient en l'air pour que je courusse les ramasser. L'un venait m'offrir à manger, l'autre allait me chercher à boire; les plus petits montaient à cheval sur moi. On envoyait acheter pour moi tout ce que l'on imaginait pouvoir me plaire; et, comme j'avais marqué du goût pour les petits pains au lait, tous les rudimens, tous les dictionnaires étaient engagés ou vendus au boulanger.

Cette heureuse vie ne dura guère. L'autorité, raison sans réplique, vint m'arracher à tant de bonheur. Les régens du collège remarquèrent que les écoliers s'occupaient bien plus de jouer avec moi que de faire leurs versions; ils défendirent à mes maîtres de m'amener avec eux. Je retournai donc à la garde de la porte; et, pour comble de malheur, on me fit reprendre la chaîne dont on m'avait autrefois délivré. Ah! mon cher Scipion, qu'il est affreux de déchoir! le mal qu'on a supporté toute sa vie n'est presque rien, l'habitude l'a rendu léger; mais quand on a goûté le bonheur, et qu'on retombe dans l'infortune, on ne se trouve plus assez de force pour la supporter.

SCIPION.

Tu ne perds pas une occasion de disserter.

BERGANCE.

Tu es encore bien heureux qu'ayant habité quelque temps le collège, je ne sois pas plus pédant et plus bavard. Mais revenons à mon histoire. Il me fut impossible de soutenir ma captivité. Je tombai malade; on me détacha pour me faire promener; et je me vis à peine libre, que je sortis de cette maison sans prendre congé de personne.

Je ne fus pas long-temps sans maître; j'entrai dans un superbe hôtel, que je jugeai devoir appartenir à quelque riche seigneur.

SCIPION.

Mais, comment faisais-tu pour avoir si vite une condition? On a tant de peine à trouver quelqu'un qui nous permette de lui consacrer nos jours et notre liberté!

BERGANCE.

Ma méthode était sûre et facile; la patience et la douceur. Avec ces deux vertus, on aplanit tous les obstacles, on se fait aimer de ceux même qui nous voulaient le plus de mal. Quand j'avais formé le projet d'entrer dans une maison, je me tenais à la porte; dès que le maître paraissait, j'allais à lui en le flattant de ma queue; je le regardais avec respect et tendresse, je nettoyais avec ma langue la poussière de ses souliers; s'il me faisait donner des coups, je les supportais sans murmure, je retournais le caresser. On ne bat jamais deux fois celui qui baise le bâton. J'étais reçu, je servais avec zèle, et bientôt tout le monde m'aimait.

Ce fut ainsi que je gagnai les bonnes graces d'un des principaux officiers de cet hôtel. Mais ma nouvelle demeure était aussi triste que magnifique. Tout le monde était en deuil; les écuyers, les pages, les domestiques étaient couverts de crêpes depuis la tête jusqu'aux pieds; les appartemens tendus de noir; un profond silence régnait partout; et la maîtresse du logis, renfermée dans une chambre obscure, ne voyait jamais la clarté du jour.

SCIPION.

Elle avait donc perdu son mari?

BERGANCE.

Mieux que cela : je vais te raconter son histoire comme la raconta devant moi l'écuyer qui m'avait pris en amitié.

La belle Ruperte était arrivée du Mexique avec sa mère et des trésors immenses. La mère de Ruperte mourut; sa fille, qui n'avait que dix-huit ans, et que sa beauté céleste rendait l'objet de tous les hommages, resta maîtresse de plusieurs millions et de sa liberté. Deux cavaliers sévillans étaient fort assidus à lui faire leur cour. L'un, appelé don Pèdre de Gamboa, était déjà d'un certain âge, veuf, et père d'un fils unique qui étudiait à Salamanque. L'autre, qui se nommait don Estevan, était jeune, aimable et bien fait. Tu comprends qu'il fut préféré; la belle Ruperte le choisit pour époux.

Le jour même de leur mariage, don Pèdre, que son amour, son orgueil, sa violence naturelle avaient mis hors de lui-même, courut attendre son rival à la porte de l'église; et, dès qu'il le vit arriver avec cette maîtresse adorée que don Pèdre allait perdre pour jamais, il s'élance comme un furieux sur Estevan, lui plonge un poignard dans le cœur, et s'échappe au milieu des cris, de la foule, du tumulte. La belle Ruperte était évanouie à côté du malheureux Estevan, mort et baigné dans son sang. On la rapporta dans sa maison : elle ne revint que long-temps après, avec un délire affreux, avec une fièvre ardente qui pensa la mettre au tombeau. Elle demandait, elle appelait sans cesse son cher Estevan; elle s'échappait des bras de ses femmes pour aller, disait-elle, chercher par toute la terre le monstre qui l'avait privée de son époux, de son amant, pour l'immoler elle-même à son implacable vengeance. La fureur, l'amour, la douleur, auraient bientôt terminé sa vie, si l'on n'avait pris le parti d'obéir à toutes ses volontés. Elle se fit apporter le poignard que le barbare don Pèdre avait laissé dans le sein d'Estevan; elle fit déterrer le corps de cet infortuné, ordonna que l'on prît son cœur, qui fut embaumé dans une boîte d'or; et, dès qu'elle fut maîtresse de cette triste relique, elle jura, la main armée du poignard et placée sur la boîte, de ne jamais revoir le jour qu'elle n'eût vengé la mort de son époux. Aussitôt elle fit fermer toutes les fenêtres de son appartement; on couvrit les murailles de velours noir; on suspendit au plafond une lampe sépulcrale; le poignard et la boîte d'or furent placés sur un autel, au-dessous de cette lampe; et la jeune et belle Ruperte, vêtue de bure et de laine, renonçant à tout l'univers pour se livrer à sa douleur, pour ne s'abreuver que de ses larmes, ne sortit plus de son solitaire et lugubre appartement.

SCIPION.

J'aime beaucoup madame Ruperte. Voilà comme il faut aimer, ou ne s'en pas mêler! Elle mourut bientôt, cette pauvre infortunée?

BERGANCE.

Non; mais sa santé dépérissait tous les jours. Depuis un mois que j'étais chez elle, ses femmes et son écuyer la tourmentaient pour appeler un médecin. Elle n'y consentit qu'avec peine. Le médecin la trouva fort mal, et la menaça d'une mort prompte,

si elle ne changeait pas d'air. Elle résista long-temps.
Vaincue enfin par les prières, par les larmes de
toute sa maison, elle promit d'aller passer quelques
semaines dans une superbe terre qu'elle avait à
quelques journées de Séville; mais, fidèle à son
serment, elle envoya d'avance arranger un appartement semblable à celui qu'elle allait quitter;
et, pour ne pas voir le jour, elle ne voulut
voyager que la nuit, s'arrêtant dans les auberges
dès que l'aurore paraissait, et s'enfermant dans une
chambre obscure, avec sa boîte et son poignard qui
ne la quittaient jamais.

Je fus de ce voyage; et, comme en voyant pleurer
la belle Ruperte, touché jusqu'au fond de mon ame
de tant d'amour, de tant de constance, je m'étais
mis souvent à hurler, ces hurlemens m'avaient valu
l'amitié de ma maitresse. Elle m'avait permis de
rester dans sa chambre; elle me caressait quelquefois, et me confiait la garde de sa porte pendant le
peu de momens qu'elle donnait à un pénible et douloureux sommeil.

Un soir que nous allions partir d'une auberge
où nous avions passé la journée, l'écuyer de la triste
Ruperte entra tout à coup d'un air troublé. Madame,
dit-il, ne descendez pas; vous vous rencontreriez
avec un homme dont la vue vous ferait trop de mal.
Quel est cet homme? répondit-elle. C'est le jeune

Fernand de Gamboa, le fils unique du traître don
Pèdre. Il revient de Salamanque, et demande à
passer la nuit dans cette auberge. Il est encore au
milieu de la cour avec ses valets. Attendez qu'on
l'ait conduit à son logement, pour éviter son odieuse
vue.

A ces paroles Ruperte pâlit, et s'appuya sur une
de ses femmes. Elle garda quelque temps le silence,
la tête baissée, les regards fixés sur la terre ; puis,
relevant ses yeux égarés : Qu'on ôte mes chevaux,
dit-elle, je ne partirai que demain. L'écuyer voulut
l'engager à changer de résolution ; elle répéta son
ordre, commanda qu'on la laissât seule, et s'enferma
dans sa chambre, où il ne resta que moi.

A peine libre, elle courut à la boîte d'or, la saisit
avec vivacité, l'approcha de ses lèvres, la pressa
contre son cœur ; et d'une voix entrecoupée par ses
sanglots : O déplorable et unique reste de tout ce
que j'aimai, dit-elle, de tout ce que je pouvais
aimer au monde, voici l'instant de la vengeance
que je t'ai promise, que je t'ai jurée. Cette vengeance sera terrible. Qui sait mieux que moi, malheureuse ! que le plus douloureux des supplices est
de survivre à ce qu'on adore ? Le fils unique de ce
monstre doit être son bien le plus cher : je veux le
lui ravir comme il m'a ravi le mien ; je veux qu'il
me paie ton sang avec le sang de son fils. Ce fils est

innocent, je le sais ; tu l'étais aussi quand le barbare t'assassina. Il me faut un crime pour venger un crime, quitte à l'expier par ma mort. O mon époux, cette mort après laquelle je soupire, cette heureuse mort qui doit me rejoindre à toi, sera pour ta triste veuve un moment de bonheur suprême, mais auparavant j'obtiendrai vengeance.

En disant ces mots, Ruperte saisit le poignard qui était à côté de la boîte ; elle en essaie la pointe, et le cache dans son sein. Ensuite, s'efforçant de prendre un visage tranquille, elle fait appeler en secret une des servantes de l'auberge, et lui présentant une bourse d'or, elle lui demande, pour unique prix d'une si grande libéralité, de venir la prendre à minuit, pour l'introduire, sans être vue, dans la chambre de ce jeune homme qui vient d'arriver. La servante sourit et promet. Ruperte, sans s'embarrasser de ce qu'elle peut imaginer, lui recommande d'être discrète, fait retirer ses femmes, ses domestiques, et attend impatiemment l'heure fatale.

J'étais au désespoir de cette funeste résolution ; je sentais toute l'horreur du crime qu'allait commettre Ruperte ; mais je n'osais ni ne pouvais l'empêcher. D'ailleurs, ce crime même avait dans son motif quelque chose qui m'en imposait, qui me forçait au respect. Je résolus de suivre ma maîtresse

pour voir la fin de cette tragédie, pour la secourir
s'il en était besoin.

SCIPION.

Je commence à trembler, Bergance.

BERGANCE.

Je tremblais aussi quand minuit sonna. L'exacte
servante vint, nu-pieds, une lanterne sourde à la
main, frapper doucement à la porte de Ruperte.
Elle était prête depuis long-temps. La servante la
conduisit jusqu'à la chambre du jeune Fernand,
qu'elle ouvrit avec un passe-partout; et remettant
sa lanterne entre les mains de ma maîtresse, elle
s'enfuit sans dire un mot. Ruperte, d'un pas ferme,
entre dans la chambre, tire aussitôt son poignard
avec un mouvement de fureur, et marche vers le lit
du jeune homme, qui dormait d'un profond sommeil. Elle ouvre les rideaux, dirige sa lumière sur
le malheureux Ferdinand, afin de bien choisir la
place de son cœur; et, prononçant le nom de l'é-
poux qu'elle adore, elle lève le bras pour frapper....
Mais la beauté de Fernand, qui ressemblait à un
ange endormi; le doux sourire qui entr'ouvrait ses
lèvres de rose et laissait voir ses belles dents, ses
longues paupières noires baissées sur ses joues colo-
rées, l'air de douceur et de paix qui relevait l'éclat
de ses charmes, arrêtent le bras de Ruperte. Elle
demeure immobile, interdite, n'osant frapper. Bien-

tôt le poignard lui tombe des mains, et le bruit de
sa chute réveille Fernand, qui, surpris, effrayé
d'abord, saute de son lit, court à son épée. Je me
presse alors d'arriver pour défendre ma maîtresse;
il n'en était pas besoin. Elle était tombée à genoux,
et, posant sa lanterne à terre; elle tendait ses mains
suppliantes : Pardonnez, disait-elle d'une voix soumise, pardonnez, jeune don Fernand, à une femme
faible et sensible qui voulut vous percer le sein,
qui l'aurait pu, si votre seule vue ne l'avait pas
désarmée. Reconnaissez l'infortunée Ruperte; ce
nom doit vous rappeler et le crime de votre père et
les motifs de ma fureur contre vous. Epargnez-moi,
don Fernand; je sens que j'aimerai la vie, si c'est à
vous que je la dois.

- Ces paroles, et la beauté de Ruperte, que sa
frayeur, l'attitude qu'elle avait prise, rendaient plus
touchante encore, firent une impression soudaine
sur le beau jeune homme. Il se hâte de relever la
fidèle veuve; il tombe lui-même à ses pieds, en la
rassurant par des protestations pleines de respect
et de tendresse. Il lui dit en peu de mots que son
père venait de mourir, que le souvenir de son crime
devait être enseveli dans sa tombe; que cependant,
si Ruperte voulait encore le poursuivre sur un innocent, il lui présentait son cœur, son cœur déjà
trop vivement frappé par les célestes attraits de son

ennemie. Il lui présente le poignard en s'offrant
lui-même à ses coups. Ruperte le jette loin d'elle;
quelques larmes, qu'elle donnait sans doute à la
mémoire de son époux, vinrent à tomber sur ses
mains, et don Fernand, qui se précipite, les essuie
avec ses lèvres. La fidèle veuve se défendait cependant; elle voulait retourner dans sa chambre; le
jeune homme lui représenta qu'elle pouvait être
rencontrée, que son honneur serait compromis,
qu'il était plus sûr d'attendre le jour. Pendant tout
ce dialogue, je ne sais comment il se fit que la lanterne fut renversée, et que la lumière s'éteignit.
Dès lors plus de moyen de retrouver le chemin de
Ruperte. Moi-même je ne vis plus rien dans la
chambre, et je n'entendais guère ce qui se disait,
parce qu'ils parlaient tous deux à la fois en s'inter-
rompant sans cesse. Tout ce que je puis t'assurer,
c'est que bientôt ils ne parlèrent plus, et que Fernand vint me mettre à la porte, en la fermant à
double tour sur moi. Je ne sais le parti que prit
Ruperte, mais je sais que dès ce moment je pris celui de la quitter, et sortis aussitôt de cette auberge,
en faisant de grandes réflexions sur les sermens et
la fidélité des veuves inconsolables.

SCIPION.

Je ne m'attendais pas à ce dénouement. Cepen-

dant il faut convenir que c'était de tous le plus naturel.

BERGANCE.

Cela peut être, mais il me mit en colère, et je repris le chemin de Séville par une des plus fortes
chaleurs que nous donne le mois de juillet, lorsque, passant devant une hôtellerie solitaire, je
remarquai, sur le banc de pierre qui était à la
porte, deux jeunes garçons de quatorze à quinze
ans, mal vêtus, déguenillés, ayant à peine pour
souliers de vieilles semelles rapiécées, pour bas la
peau de leurs jambes, pour chapeaux, l'un un
vieux bonnet de drap vert, l'autre un reste de feutre
presque sans coiffe, portant des fragmens de pour-
point qui laissaient voir en plusieurs endroits que
leurs chemises étaient percées, et par là-dessus
deux morceaux d'épées dont les baudriers étaient
deux ficelles.

A travers ce pauvre équipage on ne pouvait s'empêcher de remarquer le joli visage, la physionomie
vive, agréable, spirituelle, de ces petits polissons.
Je m'arrêtai pour les considérer. Ils étaient assis
vis-à-vis l'un de l'autre, et venaient d'arriver par
des chemins opposés. Après s'être salués avec beaucoup de politesse, l'un d'eux engagea le premier la
conversation :

Seigneur gentilhomme, dit-il, n'y a-t-il pas de

l'indiscrétion à vous demander si ce pays est votre patrie, ou si vous ne vous y trouvez qu'en passant.

Seigneur cavalier, répondit le gentilhomme, il me serait difficile de vous dire ma patrie. Un voyageur tel que moi se regarde comme un cosmopolite; et partout où je me trouve bien, je me crois dans mon pays. — Il me semble, reprit le premier, que l'endroit où j'ai l'honneur de rencontrer votre seigneurie n'est guère fait pour l'arrêter. — Pas plus que la vôtre, seigneur cavalier; mais vous savez que lorsqu'on voyage pour s'instruire, il faut tout voir, ne rien dédaigner, et tâcher de s'accommoder des auberges les moins agréables. Je ne me plaindrai point de celle-ci, puisque j'ai le bonheur d'y rencontrer un cavalier tel que vous, et, si vous voulez que nous continuions notre route ensemble, je vous avoue que les chemins me sont à peu près indifférens. — Ils me le sont aussi, seigneur gentilhomme, et je serai charmé de voyager avec vous. Mon nom est don Pèdre del Rincon; mes amis m'appellent Rinconet. Une affaire d'honneur m'a forcé de m'éloigner de Madrid, où mon père, par piété, s'amusait à distribuer au public les petites bulles du carême, que les fidèles achètent deux sous. Je me faisais un devoir religieux d'aider mon père dans cet office. C'était moi qui portais le paquet des bulles, tandis qu'il portait le paquet de l'argent. Malheureusement

un jour je me trompai de paquet, et je m'égarai si
bien dans les rues, que mon père eut bien de la
peine à me retrouver. Il me retrouva cependant, et
me fit conduire chez le corrégidor, qui apparem-
ment avait déjà pris les ordres du roi. Ce monarque
est sévère; vous le connaissez; il m'exila de la cour.
Je voyage depuis ce moment.

Quant à moi, seigneur, reprit le gentilhomme,
mon nom est don Fernand Cortado, mes amis m'appellent Cortadille. Mon père avait un goût singulier; il portait toujours dans sa poche de longues
bandes de papier qu'il appliquait avec attention sur
les habits des personnes qui venaient le voir. Ensuite il achetait de l'étoffe, et s'amusait à couper
et à coudre cette étoffe d'après les marques qu'il
avait faites sur ces bandes de papier. Cela l'occupait
et le divertissait. Je me plaisais aussi à coudre les
poches; et, à force de jouer ainsi dès mon enfance
avec des poches, j'en pris si bien l'habitude, que,
dans les rues, dans les foules, je ne pouvais pas
voir une poche sans aller examiner si elle était bien
cousue. Cela fit du bruit; le corrégidor désira de
me connaître. En général, je me soucie peu d'ap-
procher les grands; et, pour éviter l'embarras des
politesses, des visites à rendre et à recevoir, je
pris le parti de m'éloigner. Je comptais aller à Séville, où l'on m'a dit qu'on pouvait vivre plus in-

connu, et précisément de la manière qu'on veut.

Eh bien, seigneur, reprit Rinconet, allons à Séville. Je me trouverai bien partout, pourvu que j'y
sois avec vous.

En disant ces mots, ils s'embrassèrent cordiale-
ment, et prirent la route de Séville.

SCIPION.

J'espère que tu ne les suivis pas?

BERGANCE.

Pardonnez-moi, mon ami, leur conversation m'a-
vait amusé, leur physionomie me plaisait; je voulus
m'attacher à eux, je vins les caresser; ils me reçu-
rent fort bien, et me voilà suivant mes nouveaux
maîtres.

En arrivant à Séville, leur premier soin fut de
s'établir sur la place du marché pour faire les commissions, porter les fardeaux, les emplettes de ceux
qui venaient acheter. Ils gagnèrent quelques réales, ensuite ils mirent en usage leurs talens, et le
gain fut beaucoup plus fort. Un matin que Rinconet arrivait sur la place plus tard que de coutume,
Cortadille, courant à lui, mit dans ses mains une
bourse assez bien remplie : Voilà, dit-il, ce que je
viens d'accrocher à un jeune ecclésiastique pour lequel j'ai fait une commission. Cachez cette bourse,
mon frère, dans la crainte des événemens. Rinconet
cacha la bourse; et à peine l'avait-il mise dans son

sein, qu'un ecclésiastique, pâle, hors d'haleine , vint
demander au prudent Cortadille s'il n'avait pas vu
une bourse de telle et telle façon, dans laquelle il
y avait quinze écus d'or, trois réales, huit mara-
védis : Je l'ai perdue, ajouta-t-il, pendant que je
faisais les emplettes que vous avez portées. Cortadille, sans changer de visage, lui répondit :

Seigneur licencié, votre bourse ne peut pas être
perdue. Il est possible que vous l'ayez placée dans
un endroit mal sûr... Il faut bien, interrompit le licencié, que je l'aie placée dans un endroit mal sûr,
puisque je ne l'ai plus. Vous pouvez ne l'avoir plus,
reprit Cortadille, et j'en crois sur sa parole un honnête homme tel que vous, mais il est fort différent
que la bourse soit perdue, ou simplement volée ; car,
dans ce dernier cas, il se pourrait que le voleur vînt
à se repentir et vous la rapportât, en vous faisant
bien des excuses... Morbleu ! dit l'ecclésiastique , je
le tiendrais quitte des excuses, pourvu qu'il se dé-
pêchât. — Doucement, seigneur licencié, doucement, point de pétulance ; vous êtes d'un état grave
dans lequel il faut se donner le temps de la réflexion.
Un jour vient après l'autre, voyez-vous ; les uns
donnent, les autres prennent, voilà le monde ; et, au
bout du compte, nous ne sommes rien devant Dieu.
Le meilleur conseil que je puisse vous donner, c'est
de vous exhorter à la patience. Elle ne nuit jamais,

comme vous savez, et souvent on s'en trouve bien.
Avec tout cela, je ne voudrais pas être à la place de
celui qui vous a pris cette bourse, car votre seigneurie est dans les ordres, et voler un ecclésiastique, c'est un sacrilège, selon les lettres d'excom-
munication que nous appelons *Paulines*.

Je vous en réponds, reprit le triste licencié; quoique je ne sois pas encore prêtre, je suis sacristain
d'un couvent de religieuses, et l'argent qui était dans
cette bourse est le tiers du revenu d'une petite chapelle que m'a résignée mon oncle le chanoine. C'est
de l'argent sacré, de l'argent bénit, et... Miséricorde!
s'écria Rinconet, ah! mon Dieu! que celui qui l'a
prise la garde! cette bourse fera son malheur. Allez,
allez, seigneur licencié, le jugement dernier arrivera
un jour ou l'autre, et c'est alors que vous connaîtrez
l'insolent, le coquin, le misérable, qui a osé voler,
retenir, se servir du tiers du revenu d'une petite
chapelle résignée par monsieur votre oncle le chanoine. Eh! dites-moi, seigneur sacristain, combien
vous vaut la chapelle entière? Le diable vous emporte! répondit l'ecclésiastique, il est bien question
de vous rendre compte de mes bénéfices. En disant
ces paroles il fouilla dans sa poche pour prendre
son mouchoir; le mouchoir n'y était plus. Cortadille, en lui disant ces impertinences, s'en était em-
paré; et le malheureux sacristain s'en alla, désolé,

14.

sans argent, sans mouchoir, conter son aventure à son oncle le chanoine.

Tandis que mes deux vauriens se félicitaient de leur adresse, leur joie fut un peu troublée par un porte-faix comme eux, qui leur dit, en leur frappant sur l'épaule : Parlez-donc, messieurs, vous êtes du métier? Que voulez-vous dire? répondit Cortadille. Je veux dire que vous vous en tirez à merveille; mais comment vous donnez-vous les airs de voler dans cette ville sans avoir rendu vos devoirs au seigneur Monipodio? C'est une politesse dont aucun honnête fripon ne peut se dispenser en conscience. Il faut au moins se faire écrire chez ce brave homme, qui est le père, le maître, l'appui de tous nos filous. Je vous avertis même, en ami, qu'il pourrait vous en coûter cher si vous manquiez à ce devoir.

Ja pensais, dit fièrement Cortadille, que le vol était un métier franc que tout homme peut exercer librement. Mais il faut respecter les lois du pays où l'on se trouve; et si votre seigneurie veut avoir la bonté de nous conduire chez cet illustre chef, nous la suivrons avec d'autant plus de confiance, que nous voyons bien que vous êtes un confrère.

Vous ne vous trompez pas, seigneur, répliqua le jeune homme; à la vérité, je suis encore dans l'année de mon noviciat, mais j'espère, dans trois mois, être reçu fripon en titre pour servir Dieu et les honnêtes gens. Comment! pour servir Dieu! lui dit Cortadille, je n'aurais pas cru que ce fût le but de notre .métier (1). Monsieur, répondit le jeune homme, je ne suis pas un grand théologien, mais je peux vous assurer qu'avec l'ordre que le seigneur Monipodio a mis dans notre société, il est difficile de vivre plus saintement que nous vivons (2). Nous disons le rosaire toutes les semaines, nous nous ferions scrupule de voler le vendredi, et pour rien au monde, le samedi, nous ne voudrions regarder une fille qui s'appellerait Marie.

Toute cette conversation se faisait en allant chez le seigneur Monipodio.

SCIPION.

Es-tu encore loin de sa maison?

BERGANCE.

Non, mon ami, nous y voilà. Elle n'avait pas grande apparence. Nous fûmes introduits dans une salle basse, dont tous les meubles consistaient en quelques nattes de jonc, des fleurets pendus aux

(1) Cosa nueva es para mi que haya ladrones en el mundo para servir Dios y la buena gente, etc.

(2) Es tan santa y buena que no sé yo si se podra mejorar, etc. Rezamos nuestro rosario, no hurtamos el dia viernes, ni tenemos conversacion con muger que se name Maria, el dia del sabbado, etc.

murailles, une mauvaise image de Notre-Dame, au-
dessous de laquelle était un tronc, et plus bas une
vieille terrine pleine d'eau bénite (1). Dans cette
salle étaient deux braves de profession, avec les
moustaches pendantes, le grand chapeau, l'épée de
longueur, trois porte-faix, un aveugle, et deux vieillards habillés de noir, tenant chacun un chapelet
dont les grains étaient énormes. Bientôt après arriva
une vieille qui, sans rien dire à personne, fut à la
terrine, prit de l'eau bénite, se mit à genoux devant
l'image, baisa la terre trois fois, leva trois fois les
bras au ciel, et revint joindre le reste de la compagnie.

Peu de temps après parut le fameux Monipodio.
Je le regardai de tous mes yeux. Il paraissait âgé de
quarante ans, haut de taille, brun de visage, la barbe
noire, les yeux ardens, surmontés d'un sourcil
touffu qui allait d'un œil à l'autre. Un grand bau-
drier lui traversait la poitrine, et soutenait un large
coutelas. Ses mains étaient courtes et velues, ses
doigts gros et carrés, et ses deux narines, s'ouvrant
et se fermant avec bruit, exhalaient une épaisse
fumée.

Dès qu'il parut, tout le monde lui fit une profonde

---

(1) En la pared estava pegada una imagen de Nuestra Señora,
de mala estampa, etc.

révérence. Notre guide lui présenta mes jeunes maîtres comme deux sujets remplis de zèle, qui bri-
guaient l'honneur de servir sous ses ordres. Je le
veux bien, dit Monipodio ; que savent-ils faire ?

Nous savons, répondit Cortadille, jouer aux car-
tes de manière à toujours gagner ; nous savons fouiller dans les poches avec assez d'adresse, nous savons... Mais fi donc ! fi donc ! s'écria le général, tous
ces tours-là sont usés ; il n'y a pas de commençant
qui les ignore. Comment ! vous ne savez que cela ?
Hélas ! non, reprit Rinconet, et vous nous voyez tout
honteux de notre ignorance. En parlant ainsi, quelques larmes roulaient dans ses yeux. Ne vous dé-
solez pas, mes fils, leur dit alors Monipodio, vous
êtes dans une école où l'on ne négligera rien pour
vous instruire ; et, si vous avez du courage et du
zèle, vous arriverez bientôt à la perfection de l'art.

Comme le général parlait, une de leurs sentinelles
entra pour les avertir que l'alguazil des vagabonds
venait droit au lieu de l'assemblée.

SCIPION.

J'avoue que je ne serais pas fâché de voir arrêter
et pendre tous tes bons amis.

BERGANCE.

Le nom d'alguazil répandit l'alarme ; mais Monipodio s'écria : Que personne ne bouge. Cet alguazil
m'est vendu ; il veille à notre sûreté, selon le traité

particulier que j'ai fait ces jours derniers avec l'alcade de la police. Je vais m'expliquer avec lui. A ces
mots il sortit, et revint bientôt après en disant: Qui
de vous a occupé ce matin le poste de la place
Saint-Sauveur ? C'est moi, répondit notre guide.
Pourquoi donc, ajoute Monipodio , d'une voix terrible, ne m'avoir pas rendu compte d'une bourse que
vous avez volée à un jeune ecclésiastique ? Cet ecclésiastique est parent de l'alguazil notre ami. Ren-
dons-lui sa bourse, messieurs , il faut de la probité.
Le pauvre guide voulut nier qu'il eût jamais vu
cette bourse; mais Monipodio, jetant le feu par
les yeux, avait déjà la main sur son coutelas,
quand Rinconet, pour apaiser le tumulte, tire la
bourse de sa poche, et la sacrifie avec une généro-
sité qui fut admirée de tout le monde. Vertueux
jeune homme, lui dit Monipodio , je vais porter
cette bourse à l'alguazil, mais recevez dès à présent
le surnom de *grand* que toute notre société vous
accorde: Rinconet-le-Grand prit place alors parmi les
grands colliers de l'ordre.

Bientôt arrivèrent deux jeunes filles, le visage tout
plâtré de rouge, et avec un certain air effronté qui
annonçait leur joyeux métier. L'arrivée de ces deux
dames, dont l'une s'appelait l'Escalante, et l'autre la
Gànanciosa, répandit la joie dans l'assemblée. On
se mit à table; et Monipodio appela la vieille, qui

priait encore devant l'image. Mais cette bonne dé-
vote, qui était la recéleuse de la compagnie, lui répondit d'une voix tremblante :

Mon cher fils Monipodio, j'ai renoncé depuis
long-temps à toutes les vanités du monde. Je ne
peux déjeuner avec vous, parce que je dois aller
faire mes dévotions à Notre-Dame des Pluies (1), et
je ne suis ici que pour vous avertir de ce qui s'est
passé cette nuit. Le Renégat et le Centopieds sont
venus cacher dans ma maison une corbeille de très-
beau linge qu'ils ont volée hier au soir. C'était pitié,
en vérité, de voir ces pauvres garçons suer à grosses
gouttes en portant ce fardeau. Je vous assure que, si
vous eussiez vu l'eau qui leur ruisselait sur le visage, vous les auriez pris pour de saints martyrs (2).
Ils n'ont point ouvert la corbeille, ni fait le compte
du linge qu'elle contient, tant ils ont de confiance
en ma probité. D'ailleurs ces pauvres enfans étaient
pressés de courir après un berger qu'ils avaient vu
le matin vendre des moutons à la boucherie. Je ne
sais s'ils auront pu l'attraper ; mais je sais bien que
je n'ai pas seulement voulu regarder la corbeille de

(1) Antes que sea medio dia, tengo de ir á cumplir mis
devociones y poner mis candelicas à Nuestra Señora da las
Aguas, etc.

(2) Corriendo agua de sus rostros, que parecian unos ange-
licos, etc.

linge. Ah ! mon Dieu ! oui, mon fils Monipodio, qu'il
n'y ait jamais de paradis pour moi, si cette corbeille n'est pas encore aussi intacte que la mère qui
m'a engendrée.

On n'en doute point, ma bonne, répondit Monipodio ; dès que la nuit sera venue, j'irai moi-même
chez vous faire l'inventaire de la corbeille, et je donnerai à chacun ce qui lui revient avec ma fidélité
accoutumée. Comme vous voudrez, mon fils, répliqua la vieille Pipotte ; c'était son nom. Mais il se
fait tard, et je sens mon pauvre estomac s'en aller.
Donnez-moi, je vous prie, un petit doigt de vin pour
me soutenir. Cela est bien juste, reprit l'Escalante
en prenant une bouteille qui était grosse comme une
outre ; elle remplit de vin une grande coupe de liège
qui tenait au moins une chopine, et la présente à
Pipotte. Celle-ci la prend à deux mains, et, après
avoir soufflé la mousse qui était dessus : Tu en as
mis beaucoup, dit-elle, ma fille, tu en as mis beaucoup ; mais Dieu me fera la grace d'aller jusqu'au
bout (1). Disant ces mots, elle l'avale d'un trait ;
après quoi, poussant un soupir : Dieu te console, ma
chère fille, parce que tu m'as consolée ! ton vin est
excellent ; mais j'ai peur qu'il ne me fasse mal, à

_____

(1) Mucho echaste, hija Escalanta, pero Dios dara fuerças
para todo, etc.

cause que je suis à jeun : donne-m'en encore un
peu. Ne craignez rien, ma mère, lui dit l'Escalante
en remplissant de nouveau la coupe; il est trop
vieux pour n'être pas sain. Je l'espère, reprit Pipotte, et la Sainte Vierge prendra soin de moi (1).
Voyez à présent, mes chères filles; si vous n'auriez
pas quelques menues pièces de monnaie à me donner pour acheter les petites bougies qu'il me faut
pour mes dévotions. J'étais si pressée de vous apporter des nouvelles de la corbeille, que j'ai oublié
mon argent. Oui, oui, j'en ai; mère Pipotte, répondit
la Gananciosa; prenez ces deux petites pièces, vous
en achèterez un cierge que vous ferez brûler devant
M. saint Michel; si vous pouvez en avoir deux, vous
en mettrez un aussi à M. saint Blaise; ce sont mes
deux patrons. Je voudrais bien aussi en mettre un
devant madame sainte Luce, parce qu'elle m'a
guérie d'un mal d'yeux; mais je n'ai plus d'argent,
et une autre fois je contenterai tout le monde (2).
Vous ferez très-sagement, ma fille, répondit Pipotte; ne ménagez jamais sur les cierges, c'est de là
que dépend le salut. En disant ces mots, elle sortit
avec l'argent.

(1) Assi lo espero yo en la Virgen, respondió la vieja, etc.

(2) Quisiera que pusiera una candelica á la señora santa
Luzia, que por lo de los ojos tambien le tengo devocion : pero
no tengo trocado, mas otro dia arva, donde se cumpla con
todos.

SCIPION.

Il faut convenir que cette bonne Pipotte avait une dévotion bien entendue.

BERGANCE.

Aussitôt qu'elle fut partie, le seigneur Monipodio, qui tenait dans le plus grand ordre les affaires de la société, se fit apporter le mémoire des coups de bâton, des coups de plat d'épée qu'on avait dû distribuer dans la semaine, et que différentes personnes étaient venues commander et payer d'avance. Après s'être assuré que l'argent avait été bien légitimement gagné, et que tous les coups avaient été remis à leur adresse, le scrupuleux Monipodio régla la distribution des postes, et en donna un distingué à Rinconet et à Cortadille. Ils eurent ordre d'occuper, jusqu'au dimanche suivant, depuis la Tour d'Or jusqu'au guichet du château des Maures. On leur permit même de s'étendre jusqu'à Saint-Sebastien, attendu que c'était un quartier neutre, où tous les filous pouvaient travailler indistinctement.

Chacun ayant ainsi ses fonctions, Monipodio rompit l'assemblée, en annonçant qu'il y en aurait une le dimanche d'après, dans laquelle on lirait un petit traité composé par un des plus savans professeurs de la confrérie. Tout le monde sortit; et moi, qui avais horreur de tout ce que je venais de voir et d'entendre, je fus à peine à la porte, que je pris ma course, et quittai Séville , en me promettant de ne jamais rentrer dans une ville où la religion est déshonorée par la superstition la plus absurde, où la police est si mal observée, les mœurs si corrompues et si perverties, que les scélérats tiennent leurs conseils presque en public , sans redouter aucun châtiment.

SCIPION.

J'étais bien sûr que messieurs Rinconet et Cortadille ne te garderaient pas long-temps.

BERGANCE.

Hélas ! mon ami, les nouveaux maîtres que je trouvai ne valaient guère mieux ; c'étaient des comédiens. Je les suivis peu de jours. D'aventures en aventures, j'arrivai à Valladolid, et je t'aperçus portant une lanterne pour éclairer ce bon et saint homme Mahudès, qui a soin des pauvres de l'hôpital. Tu avais l'air content et heureux ; je désirai de devenir ton compagnon, et de faire pénitence de la vie un peu trop errante que j'avais menée.

Dans cette bonne résolution , je vins m'asseoir, pour t'attendre, à la porte de l'hôpital. J'y vis bientôt arriver quatre personnes qui se faisaient des politesses pour passer : l'un était poète, l'autre alchimiste, l'autre géomètre, le dernier faiseur de projets. Monsieur , disait le poète au géomètre, il est bien étrange qu'après avoir travaillé trente-deux ans sur le même ouvrage, tandis qu'Horace ne nous en ordonne que dix, après avoir fait un poëme dont le sujet est beau, grand, neuf, le style pur, les épisodes intéressans, la division excellente, enfin le poëme le plus héroïque, le plus sublime qui ait paru depuis l'Iliade ; il est bien extraordinaire, dis-je, que je n'aie jamais pu trouver un prince qui ait voulu en accepter la dédicace et payer les frais d'impression.

Il m'est arrivé, reprit l'alchimiste, une aventure plus fâcheuse. Si quelque grand seigneur eût voulu me faire la moindre avance, j'aurais à présent plus de richesses que Crésus n'en a possédé. Comment cela ? lui dit le géomètre. — Oui, monsieur ; car j'ai trouvé la pierre philosophale ; c'est-à-dire je sais comment on la fait ; il ne me faudrait qu'un peu d'or pour en venir à bout.

Que direz-vous donc, reprit le géomètre, quand vous saurez ce qui m'arrive ? Je cherche depuis vingt-cinq ans la quadrature du cercle : j'en suis si près, si près, que je la crois toujours dans ma poche, et toujours il s'en faut d'un cheveu que je ne la tienne. Avant peu, cependant, je suis certain de l'attraper !

Hélas, messieurs, dit alors le faiseur de projets, le roi d'Espagne est un grand ingrat. Je lui ai donné plusieurs fois des avis qui l'auraient rendu le plus puissant des monarques, il ne m'a pas seu-

lement fait l'honneur de répondre à mes lettres.
J'ai pourtant un projet qui doit me mettre dans
l'opulence, ou je serais bien trompé. Je veux bien
vous le confier. Vous allez voir avec quelle facilité
Sa Majesté catholique va payer en un an toutes les
dettes de l'Etat. Je propose au roi d'ordonner à
tous ses sujets, depuis l'âge de quatorze jusqu'à
soixante ans, de jeûner une fois par mois au pain
et à l'eau, et de porter au trésor royal l'argent que
leur cuisine coûterait ce jour-là. Assurément il y a
en Espagne plus de trois millions de personnes de
l'âge que j'ai dit. La plus pauvre ne peut pas moins
dépenser qu'une réale et demie par jour, et je veux
bien ne fixer tout le monde qu'à ce taux-là : vous
conviendrez, monsieur le géomètre, que mon jeûne
vaudra au roi quatre millions et demi de réales par
mois; et cet impôt n'est nullement à charge : au
contraire, on servira Dieu en même temps que
l'Etat; et je fournis aux sujets de Sa Majesté l'occasion d'être à la fois bons chrétiens et bons pa-
triotes.

On convint que ce projet pouvait avoir du bon.
Ces quatre messieurs, après s'être donné de grandes
louanges sur leurs talens, entrèrent ensemble à
l'hôpital.

J'y entrai avec eux; je te fis politesse, tu me
la rendis. Le bon homme Mahudès voulut bien me

prendre à son service, et je devins ton camarade. Depuis ce temps, mon cher frère, j'éprouve que, pour être heureux, il faut vivre en bonne compagnie.

Ici le jour parut, et les deux chiens perdirent la parole.

LES MUSES.

NOUVELLE ANACRÉONTIQUE.

LES Muses sont quelquefois désœuvrées; alors elles s'ennuient comme les malheureux humains. Un jour que la vive Thalie ne savait que faire (depuis quelque temps elle est plus oisive qu'autrefois), elle descendit au pied du Parnasse pour voir si elle n'y trouverait pas quelque amant qui valût la peine d'être écouté : cela amuse toujours une femme.

Thalie ne trouva pas ce qu'elle cherchait; mais elle aperçut un enfant mal vêtu, demi-nu, qui courait une prairie; ses cheveux blonds, en désordre, retombaient sur son visage; d'une main il les relevait, de l'autre il prenait des papillons, et leur perçait la tête d'une épingle. Le malheureux papillon agitait ses ailes en se débattant. Plus il paraissait souffrir, plus le méchant enfant riait ; mais quand il voyait le papillon près d'expirer, il retirait l'épingle, soufflait sur la plaie, et le moribond, reprenant ses esprits et ses couleurs, s'envolait plus gai et plus beau qu'auparavant.

Thalie, après s'être amusée à considérer cet enfant, lui demanda comment il pouvait se plaire à un jeu si cruel. Ma belle dame, lui dit l'enfant, c'est l'oisiveté qui en est cause. Tel que vous me voyez, je suis de bonne famille, mais j'ai été fort mal élevé; l'on ne m'a rien appris du tout; je ne sais que faire, et je fais du mal.

La vivacité et l'esprit qui brillaient dans les yeux de l'enfant intéressèrent Thalie. Si vous voulez, lui dit-elle, je prendrai soin de vous; j'ai des sœurs qui passent pour instruites; nous nous ferons un plaisir de vous enseigner tout ce que vous voudrez apprendre, et peu de temps nous suffira pour vous rendre le plus savant et le plus aimable des hommes : voulez-vous me suivre ? Je le veux bien, reprit l'enfant, mais à condition que ces dames dont vous me parlez ne seront que mes précepteurs, et que vous seule serez maman. En disant ces mots, il ramassa par terre un petit sac qui avait l'air d'être rempli de morceaux de bois, en le mettant sur son épaule, il dit à Thalie de lui donner la main. La Muse lui demanda ce qu'il avait dans son sac. Ah! ce n'est rien, reprit-il, ce sont mes joujoux. Il se mit à chanter une chanson qui n'avait ni air ni paroles; et tantôt sautant à pieds joints sur les buissons qu'il rencontrait, tantôt s'arrêtant pour demander à la Muse si elle ne savait pas quelque nid d'oiseau, il arriva sur le haut du mont.

Le premier soin de Thalie fut de l'habiller magnifiquement ; ensuite elle voulut se charger elle seule du soin de son éducation. Savez-vous lire ? lui dit-elle. Pas trop bien, reprit l'enfant. — Vous avez sûrement de la mémoire ? — On m'a souvent accusé d'en manquer ; mais avec vous j'en aurai plus qu'avec les autres.

Thalie, qui l'aima bientôt plus qu'une mère n'aime son fils, craignit que ses sœurs n'en devinssent aussi éprises, et résolut de le leur cacher. Elle fit enclore un verger d'une haie vive, et le donna pour prison à cet enfant si chéri. C'était là que dix fois le jour la Muse venait lui donner leçon. Jamais écolier ne profita mieux ; il suffisait de lui dire une seule fois quelque chose, il le savait mieux que le maître. La pauvre Thalie lui apprit en peu de temps tout ce qu'elle savait ; mais en lui donnant la science elle perdait le repos ; sa tendresse devenait chaque jour plus vive ; elle soupirait sans savoir pourquoi, et bientôt les leçons se passèrent à regarder l'écolier.

L'enfant s'en aperçut : Maman, lui dit-il, je suis bien sûr que vous m'aimez beaucoup, et cela m'encourage à vous demander une grace. Pourvu que ce ne soit pas de me quitter, répondit Thalie, je jure de ne rien vous refuser. Écoutez-moi, reprit l'enfant ; vous portez toujours à la main un masque qui me paraît charmant ; il rit d'une manière si gaie et si vraie, que j'en ai toujours eu envie. Si vous ne me le donnez pas, je vous préviens que j'en mourrai de chagrin ; et qui en sera le plus fâché de nous deux? ce sera vous. Thalie voulut en vain lui représenter que ce masque était la marque de sa divinité ; Quand je l'aurai, lui répondit l'enfant, ce sera la marque de votre tendresse pour moi ; lequel aimez-vous mieux? Le voilà, lui dit Thalie en soupirant ; et le fripon d'enfant lui sauta au cou, et mit le masque dans son sac.

Ce n'est pas tout, ajouta-t-il ; vous m'avez appris tout ce que vous savez, mais vous m'avez promis davantage : je veux savoir la musique, la danse, l'astronomie, la philosophie, toutes les sciences possibles, afin de vous devoir davantage et de vous plaire encore plus. Ayez la bonté de m'ouvrir le verger, que j'aille m'instruire auprès de chacune de vos sœurs ; je reviendrai bientôt me renfermer avec vous, et consacrer à votre amusement tous les talens que j'aurai acquis.

Qui n'aurait pas été séduit par un tel discours? La crédule Thalie ouvrit à l'enfant, et poussa la bonté jusqu'à le recommander à chacune de ses sœurs. Ce soin était inutile ; elles l'aimèrent bientôt

autant que Thalie l'aimait; l'enfant courait de l'une
à l'autre, et se faisait un jeu de tourner la tête aux
filles de Jupiter. La grave Melpomène fut celle qui
résista le plus; mais elle céda comme Calliope,
comme Uranie, qui avaient voulu se défendre. Pour
Terpsichore, Euterpe et Polymnie, elles adorèrent
l'enfant presque aussitôt qu'elles le virent.

Voilà donc les neuf sœurs toutes éprises du
même objet. Dès ce moment elles ne sont plus sœurs;
la jalousie, l'envie, la méfiance entrent pour la première fois dans leurs ames; ces chastes filles, qui
n'ont jamais eu qu'un même sentiment, une même
volonté, s'observent, se haïssent se querellent; tout
est en désordre sur le Parnasse, les arts en oubli,
les concerts interrompus. Pour comble de malheur,
ce fut cet instant que choisit Minerve pour venir
visiter les Muses.

Quelle est sa surprise en arrivant sur le mont
sacré! au lieu des chants d'allégresse qui annonçaient toujours sa présence, elle trouve partout un
silence profond: les Muses dispersées, rêveuses,
solitaires, la reconnaissent à peine. Elle se plaint,
elle menace, les neuf sœurs se rassemblent, veulent
chanter leur protectrice; mais leurs voix ne sont
plus d'accord; elles ont oublié leurs hymnes, aucune d'elles n'a son attribut. Melpomène avait donné
son poignard à l'enfant, et de peur qu'il ne se

blessât, elle en avait émoussé la pointe; Calliope lui avait fait don de sa trompette, Euterpe lui avait prêté sa lyre, Uranie son astrolabe ; enfin les attributs des Muses étaient tous devenus les hochets de cet enfant.

Ce ne fut pas leur dernière honte ; tandis qu'elles cherchaient à s'excuser, elles voient voltiger dans l'air ce fatal enfant ; il tenait à la main tous ses larcins : Adieu, leur dit-il en riant, ne m'oubliez pas, je suis l'Amour : il en coûte toujours quelque chose pour faire connaissance avec moi.

La prudente Minerve fit alors un discours très-moral aux filles de Jupiter ; celles-ci l'écoutèrent avec respect, et s'excusèrent en l'assurant que le coupable enfant avait si bien caché ses ailes, que pas une d'elles ne les avait aperçues.

PLAN

D'UN PETIT ROMAN ARABE,

INTITULÉ

KÉDAR ET AMÉLA (1).

LE bon Yarab, iman de Sana, dans l'Arabie heureuse, gouverne avec sagesse, et rend fort heureux ses peuples. Il a pour ami intime un vieux derviche, nommé Malec, qui habite sur le sommet d'une montagne, à peu de distance de la capitale d'Yarab. Le bon iman va lui demander des conseils, et Malec est un modèle de sagesse.

Yarad a un fils nommé Kédar, dont le caractère lui donne beaucoup d'inquiétude. Les flatteurs corrompent ce jeune homme, qui, malgré les soins de son père, a été fort mal élevé. Yarab prévoit qu'il fera de grandes sottises, que partant il lui arrivera de grands malheurs. D'après cette crainte, il fait faire

(1) L'ouvrage sera divisé par chapitres, qui auront tous un titre court, dans le goût de *Zadig*, de *Tristram*, etc.

un vaste souterrain dans la cabane du derviche, remplit ce souterrain d'un trésor immense, scelle le trésor d'une pierre dont le derviche seul a la clef, et lui recommande de conserver ce trésor à son fils comme une dernière ressource ; mais de ne le lui découvrir qu'après que le malheur aura rendu Kédar raisonnable.

Peu de temps après, le bon Yarab meurt en réitérant cette prière au derviche Malec, qui reçoit ses derniers soupirs. Kédar devient iman de Sana, et, égaré par son pouvoir, par ses courtisans, se livre à tous les excès, dissipe toutes ses richesses, met des impôts, éloigne les gens de mérite, aliène le cœur de ses peuples, etc.

Un jour que Kédar est à la chasse, il rencontre une jeune et charmante bergère, toute seule, gardant ses moutons. Kédar la trouve jolie et le lui dit : la bergère répond avec pudeur et modestie. Kédar, peu accoutumé à ces deux vertus, s'enflamme davantage. Il revient plusieurs fois dans ce bois, cause avec cette bergère, qui s'appelle Améla, et lui propose de venir au sérail. La bergère refuse cet honneur ; elle est même effrayée en apprenant que ce chasseur est l'iman. Elle lui dit de fort belles choses qui font impression sur Kédar, dont le cœur au fond était excellent, et qui redoublent son amour.

Revenu dans son palais, il parle d'Améla à son

favori Amrou, qui se moque des prétendues vertus
de la bergère, fait rougir Kédar de son respect
pour elle, et lui persuade de la faire enlever et de
la faire conduire au sérail, où elle ne devait pas être
plus tôt deux jours qu'elle y serait tout accoutumée.

Kédar se laisse persuader; mais il veut essayer un
dernier entretien avec Améla, après lequel il lais-
sera à Amrou la conduite de cette affaire. Kédar va
trouver sa bergère, et lui parle sur un ton tout différent de celui qu'il avait eu jusqu'alors. La bergère
en est irritée : Kédar la quitte en l'assurant que le
lendemain elle serait à lui, et vient ordonner à
Amrou d'envoyer prendre la belle bergère.

Amrou va lui-même faire la commission; mais il
ne trouve plus la bergère. Améla s'était enfuie. On
la cherche inutilement; on ne trouve dans sa cabane
que sa houlette, son troupeau, et un billet pour
Kédar plein de noblesse et de vertu. Amrou revient
tout honteux, et assez mal reçu par son maître, qui
regrette beaucoup sa bergère. Mais Amrou lui pro-
cure de nouveaux plaisirs, et Kédar se console
bientôt.

Pendant ce temps, la pauvre Améla s'en allait
tout droit devant elle; elle avait laissé son père et
sa mère, qu'elle aimait tendrement, pour sauver
son honneur. Tout cela était dans le billet. Améla

aimait Kédar; mais sa dignité d'iman, sa détestable réputation, lui avaient fait surmonter son amour. Elle pensait à tout cela, et pleurait, lorsqu'elle arriva sur la haute montagne où demeurait le derviche Malec. Elle en est bien reçue; lui conte son histoire, et le bon Malec la loue, lui propose de rester chez lui, où sûrement on ne la viendra pas chercher; car, depuis la mort d'Yarab, Kédar n'a pas mis le pied à l'ermitage. L'âge très-avancé de Malec ne laisse rien à craindre à la pudique Améla. Elle s'établit avec lui, et le derviche lui promet d'envoyer quelque secours à son père et à sa mère, ce qui lui est fort aisé, à cause du trésor qu'il possède, et que le bon Yarab lui a permis d'employer aussi en œuvres pies. Améla vit donc avec lui fort heureuse, assez tranquille, et regrettant toujours que Kédar soit iman et mauvais sujet.

Kédar, qui ne pense plus guère à elle, se livre entièrement à Amrou, qui lui fait faire sottise sur sottise. Un cheik voisin lui déclare la guerre; Kédar nomme pour général l'ami d'Amrou; cet ami est battu; il perd des provinces; il mécontente son armée, il accable son peuple de subsides; il les dissipe avec ses courtisans; enfin le peuple se révolte, secrètement poussé par Amrou. On assiège Kédar dans son palais. Amrou fait semblant de sortir avec ses gardes pour le défendre; il gagne les gardes, se

A. Devéria del. J. J. Rhinelt sculp. 1819.

Journ. Mélanges P. 211.

fait proclamer iman, et envoie des muets porter le cordon à Kédar, qui commence à s'apercevoir que son cher ami n'est qu'un traître. Il demande un moment pour faire sa prière; et, profitant d'un souterrain que le bon Yarab avait fait faire, et dont le seul Kédar avait la clef, il s'échappe de son palais, et le voilà tremblant à fuir dans la campagne, faisant de belles réflexions.

Tandis que tout cela se passait, Améla est toujours demeurée chez le derviche, qui lui a donné de grandes leçons de sagesse. Son père et sa mère sont morts; elle les a pleurés; et, décidée à ne plus quitter le bon Malec, elle le regarde comme son père; mais Malec est bien vieux, sa fin est proche; il conseille à Améla de cacher sa mort quand il ne sera plus; de prendre son habit, sa longue barbe, et de rester dans cet ermitage, où il lui prédit qu'il lui arrivera de grandes choses. Il révèle à Améla le secret du trésor, et l'instruit de la manière dont elle doit se conduire, si Kédar, dont les premiers malheurs sont connus du derviche, s'avise jamais de venir chercher l'ami de son père. Cela dit, le bon Malec meurt. Améla le pleure et l'enterre; mais elle prend son habit, sa barbe, et la voilà derviche à sa place, si bien déguisée, qu'il est impossible de la reconnaître.

Kédar, proscrit, sans amis, sans suite, sans ar-

16.

gent, se ressouvient du derviche, ami de son père
et que le sage Yarab lui a recommandé au lit de
mort d'aller trouver le bon Malec quand il sera bien
malheureux. Le moment était arrivé, il s'en va
vers la grande montagne. Il est poursuivi par ses
propres troupes; il est obligé de changer d'habit
avec un mendiant; il s'arrête chez un paysan, dont
il entend toute la famille bénir Dieu de ce que Kédar
n'est plus iman; enfin il arrive à l'ermitage, bien
confus, bien humilié.

La sage Améla le reçoit fort bien et le reconnait
sans être reconnue. Kédar lui raconte sa triste histoire, et lui parle de sa bergère dont le souvenir est
toujours dans son cœur. Améla, transportée de
joie, forme le projet de corriger Kédar; mais pour
cela il faut du temps. Elle lui donne de sages leçons, et
lui conseille, pour commencer, d'aller se faire soldat
dans les troupes d'un cheik voisin, nommé Hatem,
qui est le même contre lequel il a eu la guerre.
Tàchez, lui dit-elle, de vous élever par vos exploits,
et quand, à force de valeur, vous aurez gagné son
amitié, alors vous vous déclarerez, et il vous re-
mettra votre trône. Après cela, elle lui donne un
peu d'argent, et Kédar va se faire soldat.

Kédar arrive à l'armée; il est brave, il fait de
belles actions. On lui donne un grade, il en fait de
plus belles; mais les visirs, jaloux de lui, l'éloignent

du maître; on lui fait des injustices; il n'a aucune récompense; enfin il éprouve tout ce qu'il a fait éprouver aux hommes de mérite; et accablé de dégoûts, il quitte le service militaire; et vient tout raconter au derviche, qui lui rappelle qu'il ne se conduisait pas autrement quand il était iman. Kédar en convient, et voit mieux ses fautes en souffrant de fautes pareilles. Le derviche lui conseille de se faire marchand, et lui donne de l'or pour les avances.

Kédar va se faire marchand à Bagdad. Sa fortune s'augmente; il devient riche. Une veuve fort riche aussi veut l'épouser; le souvenir de sa bergère, qu'il ne désespère pas de retrouver, l'empêche de former cette union. Le calife a besoin de son crédit, il le lui prête; il en éprouve une banqueroute. De nouvelles lois, défavorables au commerce, achèvent sa ruine. Il revient trouver le derviche, qui le console et lui rappelle qu'il ne l'encourageait pas non plus quand il était iman. Améla, touchée du refus que Kédar a fait de se marier à cause de son ancien amour, ne veut plus qu'il s'éloigne, et lui conseille de se faire laboureur. Elle va lui acheter des champs, une jolie ferme, un troupeau, etc., et l'établit dans son nouvel état, en lui promettant de le venir voir tous les deux jours.

Kédar, fermier, est assez heureux. Il voit multiplier ses biens en proportion de son travail. Mais les impôts, les corvées, les visirs, ses voisins, lui enlèvent tout son revenu. Il se plaint à son cher derviche, qui lui rappelle que ce sont les mêmes lois qu'il a faites. Kédar, malgré cela, préfère ce dernier état à tous les autres, et parle toujours de sa bergère, que le derviche promet enfin de lui faire retrouver.

Le jour est pris pour cette douce entrevue. Le derviche lui dit de se rendre au même bois où il la vit pour la première fois, et lui promet qu'il l'y trouvera. En effet, Améla va quitter sa barbe, reprend son premier habit et va attendre Kédar dans le bois. Entrevue charmante des deux amans. Kédar lui demande de l'épouser ; Améla lui dit qu'il n'est pas encore temps ; mais elle lui promet sa main. Ils se séparent avec promesse de se revoir au même lieu.

Comme Améla s'en retourne à l'ermitage reprendre son habit de derviche, elle est malheureusement rencontrée par le chef des eunuques de l'iman Amrou, qui va cherchant partout de jeunes filles pour son maître. Il la regarde, la trouve belle, et la fait enlever par ses gens. Voilà la pauvre Améla enfermée dans le sérail, et, pour comble de malheur, Amrou la trouve charmante, et ne lui donne que huit jours de délai pour en faire à sa volonté.

Pendant ce temps, Kédar cherchait son ami le derviche, et mourait d'inquiétude de ne pas le voir revenir. Le jour du rendez-vous avec Améla arrive, point d'Améla au rendez-vous. Le pauvre Kédar, au désespoir, ne sait où aller ni que devenir. Améla creuse sa tête pour lui donner de ses nouvelles; mais toute communication est ôtée; elle ne peut écrire à son amant.

A force de chercher, elle se souvient qu'à la porte de la ferme de Kédar deux ramiers verts sont venus nicher. Elle dit à l'amoureux Amrou, qui l'aime et cherche à lui plaire, que ce qu'elle désire le plus au monde, ce sont des ramiers verts de la montagne de Zemzem; cette montagne est le pays de Kédar. Amrou envoie cent esclaves chercher partout des ramiers verts. On arrive à la ferme; on prend les ramiers, malgré Kédar qui veut les défendre, à cause que le derviche les aimait. On les porte à Améla, qui leur met sous l'aile un billet, par lequel elle mande à Kédar son aventure, et le prie de se rendre chez tel marchand de la ville, tel jour; qu'elle enverra chez ce marchand chercher des étoffes, et qu'elle le prie de lui envoyer dans ces étoffes un poignard, seul et dernier moyen de se soustraire à l'amour du tyran. Kédar voit revenir les ramiers avec la lettre. Au désespoir, il prend tout ce qu'il a d'argent se rend chez le marchand au jour indiqué, et obtient de lui, à force d'or, qu'il le mettra dans la caisse d'étoffes qu'il doit envoyer à la sultane. Tout se fait selon ses désirs. La caisse arrive chez Améla avec Kédar. Joie et craintes des deux amans. Kédar propose de la renvoyer par la même voie, et de rester à sa place; Améla s'y oppose. Kédar n'a pas oublié le souterrain; mais Amrou en porte toujours la clef sur lui. Au milieu de la conversation, l'eunuque vient avertir Améla que l'iman impatient doit venir ce même soir, résolu aux dernières extrémités. Dans ce péril pressant, Améla consent enfin à se cacher dans les étoffes, et à se faire porter chez le marchand. Kédar prend ses habits, son voile, et reste à sa place, muni du poignard.

Amrou vient pour satisfaire ses coupables désirs. Il est seul dans la chambre avec la fausse Améla. Il va pour lever son voile, et Kédar l'étend à ses pieds d'un coup de poignard; un second lui ôte la vie. Kédar lui prend la clef du souterrain, attend la nuit, sort de la chambre, et gagne ce fameux souterrain, par lequel il s'échappe et retourne à l'ermitage, où Améla avait déjà repris ses habits de derviche. Kédar cherche partout Améla; le derviche lui promet de la lui rendre, et jouit de sa tendre inquiétude.

Cependant tout est dans le trouble, quand on trouve Amrou égorgé. Le peuple demande un chef.

Le derviche va à la ville et propose un nouveau gouvernement libre et sage, qui est accepté. Tout le monde est heureux, sans excepter Kédar, qui retrouve sa bergère dans son bon ami le derviche.

FIN.

TABLE DES NOUVELLES

CONTENUES DANS CE VOLUME.

FIN DE LA TABLE.